Lo que la gente está dic
Apóstol Guillermo Maldonado y *Jesús regresa pronto…*

Mi amigo el Apóstol Guillermo Maldonado es una de las voces más importantes de América y más allá. Su pasión por Jesús es contagiosa. Habla con gran autoridad y sabiduría mientras vive muy consciente de los tiempos que vivimos como iglesia en este mundo. Recomiendo ampliamente a este fiel servidor del Señor y el mensaje que trae para todos nosotros.

—*Bill Johnson*
Bethel Church, Redding, CA
Autor de numerosos libros, incluyendo *Cuando el cielo invade la tierra* y
El poder sobrenatural de una mente transformada

En *Jesús regresa pronto*, el Apóstol Guillermo Maldonado enfatiza, "Esta generación está a punto de ver el más grande derramamiento del Espíritu Santo y el más grande avivamiento de la historia. La iglesia remanente está a punto de entrar en la gloria de Dios… La tierra comenzó con la gloria de Dios manifestada en la creación, y terminará con la gloria manifestada en las maravillas sobrenaturales de los últimos días, las cuales Dios está a punto de revelar". Este libro muestra cómo se puede participar en el mayor avivamiento de Dios y ver las manifestaciones de Su gloria durante estos últimos días trascendentales ¡antes del regreso de Jesucristo!

—*Paula White-Cain*
Paula White Ministries
Evangelista y Pastora Principal
New Destiny Christian Center, Orlando, FL

Mi amigo el Apóstol Guillermo Maldonado brillantemente lo prepara para formar parte del remanente de Dios de los últimos tiempos. Solo falta un minuto para la medianoche. ¡El tiempo se está acabando!

—*Sid Roth*
Anfitrión del programa, *Es Sobrenatural!*

El fin de la era ya no está cerca; está sobre nosotros. ¿Cómo deberíamos comportarnos en estos últimos días para cumplir el propósito eterno de Dios y dar ejemplo a un mundo en busca de respuestas? En *Jesús regresa pronto*, el Apóstol Guillermo Maldonado ofrece esperanza e inspiración con autoridad apostólica, claridad profética y urgencia innegable.

—*Dr. Rod Parsley*
Pastor y Fundador
World Harvest Church, Columbus, OH

¿Está listo? ¿Está preparado para lo que viene en los últimos días y el final de la era? La frase *Maranatha* estaba en los labios de los primeros discípulos mientras vivían esta vida preparándose para la que viene. Estas electrizantes palabras no sólo deberían estar en nuestros labios, sino que deberían ser una viva realidad en nuestros corazones y estilos de vida. En *Jesús regresa pronto*, el Apóstol Guillermo Maldonado nos muestra claramente cómo vivir a la luz de la eternidad durante estos últimos tiempos. Cada uno de nosotros debe asegurarse de estar listo para el gran final de la mayor historia jamás contada: la segunda venida del Señor Jesucristo. El Espíritu y la novia dicen, "¡Ven!" ¡Aun así, ven, amado Señor Jesucristo!

—*Dr. James W. Goll*
Fundador, God Encounters Ministries
GOLL Ideation LLC

Jesús regresa pronto es un libro importante. Mucha gente está confundida sobre la verdad bíblica básica. La realidad es que Jesús regresa pronto, tal y como el Apóstol Maldonado afirma claramente. Debido a este hecho, alcanzar el mundo para Cristo es uno de nuestros mandatos primordiales. Uno no puede leer simplemente este libro sin encontrar un corazón ardiendo por las almas perdidas, así como anhelando el regreso de nuestro Salvador.

—*Cindy Jacobs*
Generals International

Amo a Guillermo Maldonado y su pasión por traer de vuelta la urgencia del regreso de Cristo como punto central de la iglesia. Muchos cristianos están consumidos por vivir un destino ahora sin que les importe vivir para un destino eterno: estar con Jesús donde Él está. Al compartir su perspectiva, Guillermo siempre apunta a la eternidad, y esto hace que la gente tenga una mayor esperanza que si sólo escuchara sobre cómo vivir su salvación en este mundo turbulento. Necesitamos que el enfoque superior de nuestra vida eterna nos motive en el ahora. También necesitamos que Jesús sea el centro de ese enfoque eterno, y *Jesús regresa pronto* ayuda a redefinir nuestra visión mientras también nos guía como una brújula. Hay tantas perspectivas diferentes sobre cómo volverá Jesús y cómo será ese día. Aunque su perspectiva teológica difiera, le animo a leer este libro para ganar nueva pasión y vivir de cara a la eternidad en su vida cotidiana.

—*Shawn Bolz*
Anfitrión, *Translating God* programa de televisión
Anfitrión, *Exploring the Prophetic* podcast
Autor, *Interpretando a Dios* y *Los secretos de Dios*
www.bolzministries.com

Es realmente un honor apoyar el nuevo libro del Apóstol Guillermo Maldonado, *Jesús regresa pronto*. Dentro de estas páginas, descubrirá claves específicas para desbloquear su comprensión de los tiempos y las temporadas actuales. También obtendrá una notable visión profética de las señales de los últimos tiempos que nos rodean. Este libro le ayudará a alcanzar estabilidad durante los sacudimientos sin precedentes que estamos viendo. He tenido el honor de viajar por la tierra durante más de cincuenta y cinco años, hablando un promedio de cinco veces a la semana. Durante estos años, he conocido a muchas personas espirituales. El Apóstol Maldonado es una de esas personas muy especiales. Tengo el mayor respeto y admiración por él. Su carácter e integridad son de primera categoría. De todo corazón recomiendo este oportuno e inspirado libro.

—*Profeta Bobby Conner*
Eagles View Ministries
www.bobbyconner.org

El Apóstol Guillermo Maldonado ha escrito muchos libros sobre los fundamentos de la verdad bíblica, la vida cristiana victoriosa, cómo manifestar lo sobrenatural y cómo establecerse en los propósitos actuales de Dios en la tierra. Es absolutamente esencial que cada cristiano lea su nuevo libro, *Jesús regresa pronto*. Todas las señales de los últimos tiempos que aparecen en las escrituras con respecto al mundo, Israel y la iglesia están llegando a un clímax. Al leer este libro, usted descubrirá cómo estar debidamente preparado para colaborar con Cristo en la realización de las cosas finales que deben cumplirse para que Jesús regrese (Hechos 3:21). Te bendigo, Guillermo, por ofrecernos un libro tan valioso para que el Espíritu Santo lo use a fin de preparar a la iglesia para el regreso de Cristo.

—*Obispo Bill Hamon*
Christian International Apostolic-Global Network
Autor de numerosos libros, incluyendo *Profetas y profecía personal* y *Las profetas y el movimiento profético*

JESÚS REGRESA PRONTO

DISCIERNA LAS SEÑALES DE LOS ÚLTIMOS TIEMPOS Y PREPÁRESE PARA SU RETORNO

JESÚS REGRESA PRONTO

DISCIERNA LAS SEÑALES DE LOS ÚLTIMOS TIEMPOS Y PREPÁRESE PARA SU RETORNO

GUILLERMO MALDONADO

WHITAKER HOUSE Español

Créditos ERJ
Editores: José M. Anhuaman y Vanesa Vargas
Desarrollo editorial: Gloria Zura
Diseño de portada: Caroline Pereira

JESÚS REGRESA PRONTO:
Discierna las señales de los últimos tiempos y prepárese para Su retorno

Guillermo Maldonado
13651 S.W. 143rd Ct., #101 • Miami, FL 33186
Ministerio Internacional El Rey Jesús / ERJ Publicaciones
www.elreyjesus.org | www.ERJPub.org

ISBN: 978-1-64123-503-7
eBook ISBN: 978-1-64123-504-4
Impreso en los Estados Unidos de América
© 2020 by Guillermo Maldonado

Whitaker House • 1030 Hunt Valley Circle • New Kensington, PA 15068
www.whitakerhouse.com

1 2 3 4 5 6 7 8 9 10 11 12 **ЩЈ** 28 27 26 25 24 23 22 21 20

CONTENIDO

PRÓLOGO

Estamos viviendo tiempos inusuales. Las comunidades y naciones enfrentan circunstancias angustiosas que desconciertan las mentes de los hombres. Pablo le escribió a Timoteo: *"También debes saber esto: que en los postreros días vendrán tiempos peligrosos"* (2 Timoteo 3:1). Muchos eventos perplejos se están desarrollando a un ritmo rápido, y el mundo no tiene respuestas a estos dilemas. Ni los científicos ni los políticos tienen las soluciones porque estos temas tienen una raíz espiritual que sólo Dios puede resolver.

Como usted y yo vivimos en medio de estos tiempos excepcionales, la pregunta no es tanto "¿Qué está pasando?" sino más bien "¿Por qué están sucediendo estas cosas?" Están ocurriendo porque Jesús regresa pronto, y este mundo está llegando a su culminación. Los extraordinarios eventos que estamos viendo no pasan por accidente. Dios está llevando a cabo Sus propósitos y planes, los cuales están avanzando de acuerdo con Su propio diseño. Y cada señal de los últimos tiempos indica que la venida de Jesús está cada vez más cerca.

Desafortunadamente, muchas personas en la iglesia de hoy no han reconocido este hecho. Básicamente han adoptado una mentalidad política, confiando en soluciones humanas para los problemas del mundo.

Como resultado, están perdiendo su espiritualidad. Ya no se enfocan en Jesucristo ni en el poder de Dios para salvar, sanar y liberar. Como creyentes, estamos llamados a cuidar nuestra manera de vivir. *"No vivan como necios, sino como sabios, aprovechando al máximo cada momento oportuno, porque los días son malos. Por tanto, no sean insensatos, sino entiendan cuál es la voluntad del Señor"* (Efesios 5:15–17 NVI).

El Apóstol Guillermo Maldonado es uno de los apóstoles del nuevo milenio. Siempre ha estado al filo cortante de lo que está sucediendo hoy en día. Estoy tan agradecido de que el Señor le haya encomendado escribir este libro sobre los últimos tiempos. *Jesús regresa pronto* abrirá los ojos de esta generación a la revelación de la venida de Cristo y a las señales de nuestro tiempo.

Hace años, mucha gente solía considerar "los últimos tiempos" como una doctrina más de la iglesia en la que había que creer. Sin embargo, hoy en día, no tenemos otra opción que reconocer que la segunda venida de Jesús no es mera doctrina. Es una realidad. Todo lo que está ocurriendo en la tierra en preparación para el regreso de Cristo está ocurriendo de la manera que Jesús dijo que sucedería. Los eventos de los últimos días están exponiendo la obra malvada de Satanás, el estado peligroso de la humanidad y la identidad del remanente de Dios.

Creo que a medida que usted lee *Jesús regresa pronto*, será iluminado por estas verdades, y reconocerá el rol que Dios le ha asignado en los últimos tiempos.

Abra su corazón y espere ser confrontado y cambiado.

—*Apóstol Renny McLean*
Renny McLean Ministries

PREFACIO: UN LLAMADO A SER PARTE DEL REMANENTE DE DIOS

Durante mucho tiempo he sentido en mi espíritu que el tiempo para el regreso de Jesús se acerca. Como explico a lo largo de este libro, tanto las Escrituras proféticas como el mover del Espíritu Santo entre nosotros revelan hoy en día que Cristo está casi a la puerta. Me apasiona servir al Señor con todo mi corazón y ministrarle al mundo Su poder sobrenatural y Su gloria en este tiempo que nos queda.

He sentido la urgencia de escribir este libro para que todos puedan discernir las señales de los últimos tiempos antes de la llegada de Cristo, y se preparen para ello. Aunque las señales del fin de la era y el regreso de Jesús son evidentes en los mundos físico y espiritual, la mayoría de la gente, incluyendo los cristianos, no las han reconocido. Este libro le revelará:

+ La razón de las sacudidas naturales y espirituales sin precedentes en nuestro mundo

+ Lo que nos dicen las señales (incluyendo aquellos sucesos inusuales como las lunas de sangre)

+ Cómo trabaja Dios según las temporadas, las eras y la plenitud de los tiempos

+ Cómo las fiestas judías apuntan a las edades del hombre, mostrándonos con precisión el calendario de Dios

+ Qué señales y promesas bíblicas inminentes aún no se han cumplido

+ Los juicios que Dios está trayendo a la tierra

Las profecías bíblicas de los últimos tiempos hablan acerca de fieles seguidores de Jesús a quienes llama "el remanente". Estos son creyentes que están listos para los últimos días y el regreso de Jesús. Sin embargo, la Escritura también habla de gente que no está preparada para Su regreso o que con anterioridad ha desertado de la fe.

Déjeme hacerle estas preguntas cruciales: ¿qué profecía cumplirá usted? ¿Forma parte del remanente de los últimos tiempos?

Jesús regresa pronto le ayudará a estar seguro de que usted forma parte del remanente de Dios. Oro que todos los cristianos vuelvan a su *"primer amor"* (Apocalipsis 2:4) y se comprometan de nuevo con su Padre celestial durante este tiempo. El Espíritu Santo está revelando en este momento los propósitos de Dios para los días finales. Debemos saber cómo recibir la revelación vital y el conocimiento profético que Él quiere compartir con Su pueblo. Cuando tenemos este conocimiento por anticipado, podemos entender los tiempos y prepararnos para los planes finales de Dios para la tierra.

A través de este libro, quiero retarlo seriamente a examinar su vida y su fe. Creo que su futuro espiritual está en juego. Pero también quiero asegurarle que, en estos últimos tiempos, no necesita tener miedo, desanimarse ni distraerse. Por el contrario, puede conocer su verdadera posición en Dios antes que Cristo regrese. Puede estar gozosamente preparado, observando y esperando con expectativa, con los ojos espirituales abiertos.

En medio de los tiempos oscuros de nuestro mundo, Dios quiere que la iglesia sea una comunidad de esperanza, avivamiento y poder sobrenatural. La gente debe volverse a Dios por las respuestas que sólo Él puede darle, y la iglesia debe estar preparada para suministrar las respuestas. ¡Les insto a vivir en la perfecta voluntad de Dios para su vida, a discernir los tiempos y a participar en Sus propósitos sobrenaturales para los últimos días!

Ciertamente vengo en breve. Amén; sí, ven, Señor Jesús.
                                                    (Apocalipsis 22:20)

CAPÍTULO 1

CONOCIENDO LOS TIEMPOS Y LAS TEMPORADAS

Dios a menudo promueve un cambio necesario en nuestras vidas llevándonos a hacernos preguntas vitales. En los últimos tiempos, hemos venido experimentando acontecimientos inquietantes, como la rápida aparición del coronavirus, con todas sus repercusiones médicas, económicas y gubernamentales; perturbaciones en nuestro entorno físico, como huracanes de gran intensidad y el derretimiento de glaciares; incertidumbre política y disturbios; y mucho más. Necesitamos hacernos preguntas como estas:

+ ¿Qué está pasando en el mundo?

+ ¿Existe relación entre el mundo espiritual y los fenómenos naturales que vemos ocurrir?

+ ¿Dónde estamos hoy en el calendario profético de Dios para los últimos tiempos y el regreso de Jesucristo?

- ¿Qué necesitamos saber acerca de las agendas de Dios para la iglesia, la nación de Israel y el mundo en general en los últimos días?

- ¿Qué temporada espiritual está atravesando la iglesia en este momento y qué temporada está por venir? ¿Está la iglesia lista para estas temporadas?

- Si la segunda venida de Jesús está cerca, ¿qué deberían hacer los creyentes ahora mismo para prepararse para este evento trascendental?

Les pido que consideren seriamente estas preguntas y se unan a mí para descubrir las respuestas a ellas. Dios se está moviendo de maneras sin precedentes hoy en día. Este no es un momento en el que podamos sentarnos a un lado del camino y simplemente observar. El cuerpo de Cristo, y cada creyente en particular, tiene un tremendo papel y responsabilidad en lo que está sucediendo y a punto de pasar en nuestro mundo. Pero para llevar a cabo este papel, debemos primero abordar un profundo e inquietante problema en la iglesia.

LA FALTA DE CONOCIMIENTO REVELADO Y DE PROFECÍA

La iglesia moderna tiene muchas deficiencias, pero, sobre todo, tiene una gran falta de conocimiento revelado y comprensión de la profecía. En estos tiempos, es peligroso vivir en tal ignorancia. Dios dijo algo hace miles de años a través del profeta Oseas que es relevante para nosotros hoy en día: *"Mi pueblo fue destruido, porque le faltó conocimiento"* (Oseas 4:6).

Es alarmante lo poco familiarizada que está la iglesia con los propósitos de Dios para el tiempo final debido a la ausencia de revelación y profecía. La gente está caminando a ciegas cuando más necesita la vista espiritual. La mayoría de creyentes no están preparados para lo que viene. No reconocen la temporada espiritual en la que Dios está trabajando. Son como las vírgenes insensatas de la parábola de Jesús, que se durmieron mientras esperaban al novio y olvidaron asegurarse de tener suficiente aceite en sus lámparas. Como consecuencia, fueron excluidas del banquete de bodas. (Vea Mateo 25:1–13). ¡Debemos despertar, asegurarnos de que nuestras "lámparas" están llenas, y estar listos para cuando venga nuestro Novio!

LA NECESIDAD DE REVELACIÓN ESPIRITUAL

Los tiempos y temporadas en la tierra se rigen por leyes naturales. Estamos familiarizados con ellas porque forman parte del mundo que nos rodea. Las reconocemos por medio de nuestros sentidos físicos o sabemos de ellas por descubrimientos en el campo de la ciencia, la cual ha avanzado mucho. Sin embargo, hay temporadas sobrenaturales de naturaleza divina que sólo podemos reconocer a través de revelación espiritual. Muchos de los sucesos de hoy en día están vinculados al ámbito espiritual. Por lo tanto, no los comprenderemos sin el discernimiento del Espíritu Santo. Estos son días en los que necesitamos más del conocimiento revelado que del sentido común, el cual está limitado a lo que podemos ver y oír en el reino físico. Sin el conocimiento revelado, no podemos funcionar en el "ahora" de Dios; es decir, en todo lo que Él está haciendo y planeando *hoy*. A través de la revelación, descubrimos el ahora de Dios.

A menudo oímos la frase "la historia se repite". Sin embargo, en nuestros tiempos, no parece haber ninguna referencia histórica que ayude a explicar algunos de los eventos que están ocurriendo. Hemos entrado en un período de manifestaciones inusuales y repentinas para las cuales no tenemos orientación previa. Por lo tanto, el hombre natural no puede predecir estos eventos o prever cómo se desarrollarán. Podríamos ser capaces de describirlos cuando ocurran, pero su significado seguirá sin estar claro para nosotros. Sólo quienes tengan la revelación del Espíritu Santo serán capaces de entender sus implicaciones. *"Por esto, yo no dejaré de recordaros siempre estas cosas, aunque vosotros las sepáis, y estéis confirmados en la verdad presente"* (2 Pedro 1:12).

TRES NIVELES DE CONOCIMIENTO ESPIRITUAL

La Biblia nos ofrece tres niveles de conocimiento: *fundamental, revelador* y *profético*. Aunque sirven para diferentes propósitos, cada uno de ellos es una parte esencial de las comunicaciones proféticas que Dios da a Su pueblo y al mundo.

CONOCIMIENTO FUNDAMENTAL

Dios nos da un conocimiento espiritual fundamental a través de las enseñanzas y ejemplos que aparecen escritos en la Biblia. La Biblia es el registro de la relación de pacto entre Dios y Su pueblo a lo largo de la historia, el desarrollo de Sus planes para redimir al mundo a través de Jesucristo, el Mesías, y Sus claras instrucciones acerca de cómo debemos vivir nuestras vidas en amor, honor y obediencia hacia Él. La Biblia también contiene profecías, de las cuales hablaré más adelante en "Conocimiento profético". A través de la Escritura, el Espíritu Santo nos habla continuamente sobre lo esencial de la naturaleza, la voluntad y los caminos de Dios.

CONOCIMIENTO REVELADOR

Este conocimiento revela mucho más de los misterios de Dios. El Espíritu de Dios quita el velo de las realidades espirituales para que podamos ver Sus actuales propósitos y actividades divinas, las cuales están ocultas a la mente humana natural o caída. El apóstol Pablo nunca dejó de orar para que los creyentes de las iglesias que había establecido vivieran de acuerdo al conocimiento revelado: *"para que el Dios de nuestro Señor Jesucristo, el Padre de gloria, os dé espíritu de sabiduría y de revelación en el conocimiento de él"* (Efesios 1:17).

Hay dos importantes palabras griegas relacionadas con la recepción de la revelación de Dios: *Logos* y *rhema*. Ambos términos se refieren al conocimiento y la sabiduría de Dios, pero lo hacen de manera diferente. *Logos* es la Palabra escrita de Dios, que, desde Génesis hasta Apocalipsis, fue inspirada por el Espíritu Santo. *Rhema*, en cambio, es una palabra de Dios para hoy, para una situación actual y específica. La palabra *rhema* siempre estará de acuerdo con la palabra *Logos*. Nunca la contradirá. Un ejemplo de *rhema* es cuando el Espíritu Santo hace que la Palabra escrita cobre vida y significado para nosotros, con apego a nuestras circunstancias actuales. Otro ejemplo es una palabra profética dada a través del Espíritu para creyentes individuales o la iglesia.

¿Qué nos está diciendo el Espíritu *ahora*? ¿Qué necesitamos saber *ahora* para seguir y servir a Dios? El Espíritu Santo continúa hablando a través de la Palabra escrita, pero también trae una revelación adicional a los corazones de los hombres y mujeres de Dios que escuchan Su voz. El Padre envió al Espíritu para este propósito. (Vea Juan 14:26). La mayoría de teólogos no entienden esta verdad; creen que todo lo que Dios quiere decirnos ya quedó registrado en la Biblia.

Jesús cumplió todas las profecías sobre el Mesías que aparecen en las Escrituras, y en el Nuevo Testamento tenemos un registro escrito de Su vida y enseñanzas. Sin embargo, la Biblia nos dice que Él hizo muchas otras cosas que no están escritas. "*Y hay también otras muchas cosas que hizo Jesús, las cuales, si se escribieran una por una, pienso que ni aun en el mundo cabrían los libros que se habrían de escribir*" (Juan 21:25). Creo que sólo han quedado las semillas de esas otras verdades que Jesús habló y demostró, pero ahora el Espíritu Santo las está revelando y abriendo para nosotros, así como otras verdades que antes estaban ocultas. Una vez más, la prueba de que esas nuevas revelaciones son genuinas y vienen de Dios es que nunca contradicen la Palabra escrita.

EL PROPÓSITO DEL CONOCIMIENTO REVELADO ES ABRIR NUESTROS OJOS Y ENTENDIMIENTO ESPIRITUALES PARA QUE SEAMOS CONSCIENTES DE LAS VERDADES Y LA INFORMACIÓN QUE DIOS DESEA DARNOS EN EL AHORA.

Así, la revelación es el aspecto de la profecía que es "ahora"; es Dios diciéndonos lo que está haciendo hoy. De hecho, si no es en el ahora, no es revelación. La revelación es lo que mantiene al ministerio El Rey Jesús relevante para la iglesia y el mundo, siempre a la vanguardia del movimiento sobrenatural de Dios. Para poder recibir esta revelación ha sido necesaria la búsqueda continua de Dios y rendirle nuestra voluntad. Como resultado, se han abierto realidades espirituales que antes no estaban abiertas para nosotros. Lo mismo puede ocurrir en su vida, iglesia y ministerio.

CONOCIMIENTO PROFÉTICO

El tercer nivel, el conocimiento profético, se refiere a la profecía contenida en la Biblia. Aunque hay diferentes definiciones de la palabra *profecía*, yo aquí la uso para referirme a las predicciones sobre el futuro. La Escritura nos dice que *"el testimonio de Jesús es el espíritu de la profecía"* (Apocalipsis 19:10). El "espíritu de profecía" de Dios es el que declara el futuro; puede predecir sobre una persona, un lugar o una cosa. Dios es eterno, y puede revelarnos lo que ocurrirá en el futuro. *"Y los cuatro seres vivientes…no cesaban día y noche de decir: Santo, santo, santo es el Señor Dios Todopoderoso, el que era, el que es, y el que ha de venir"* (Apocalipsis 4:8).

Quiero recalcar que entender las profecías de la Biblia es una de las principales necesidades de la iglesia de hoy, especialmente si queremos ser relevantes en nuestro ministerio al mundo. Si no conocemos las profecías, no seremos capaces de comprender lo que está ocurriendo en el ámbito espiritual. En lugar del conocimiento de la profecía bíblica, la iglesia se ha llenado de especulaciones y proyecciones, que son meramente productos de la recopilación de inteligencia humana. Ciertos maestros y predicadores quieren predecir el futuro usando referencias del pasado. Pero de nuevo, ese método no funcionará en el ahora de Dios, porque lo que estamos experimentando hoy en día no tiene paralelo en la historia.

"Por la fe Abraham, siendo llamado, obedeció para salir al lugar que había de recibir como herencia; y salió sin saber a dónde iba" (Hebreos 11:8). No podemos ejercer la fe para el futuro sin haber recibido alguna predicción o conocimiento previo de Dios. La fe en Él para los acontecimientos que se avecinan viene de la profecía; proviene de saber lo que sucederá antes de que ocurra. *"Es, pues, la fe la certeza de lo que se espera, la convicción de lo que no se ve"* (versículo 1).

EL PROPÓSITO DE LA PROFECÍA ES REVELAR EL FUTURO PARA QUE PODAMOS PREPARARNOS PARA LO QUE ESTÁ POR VENIR.

Eso significa que cuando tenemos conocimiento previo, nos preparamos con rapidez, y obedecemos lo que Dios ya nos ha revelado. Por ejemplo, mi trabajo como apóstol es preparar a la novia, la iglesia, para la segunda venida del Hijo de Dios. Hago esto con la revelación y la profecía dada por la Palabra escrita y la voz del Espíritu Santo, que me guía y anticipa todo lo que necesito para cumplir esta tarea.

¡Jesús viene de nuevo, tal como lo prometió! (Vea, por ejemplo, Juan 14:3). Si prestamos atención a la Palabra de Dios, sabemos que esto es cierto porque creemos en las Escrituras y en la revelación del Espíritu Santo. Por lo tanto, esperamos Su regreso. Pero el mundo no tiene esta clase de conocimiento espiritual previo. Por eso hay gran necesidad de profecía hoy en día, para mantener informados a todos los ámbitos de la sociedad: iglesia, familia, gobierno, negocios, educación, ciencia y más.

Algunos predicadores y maestros de la Biblia niegan o rechazan hoy en día la persona del Espíritu Santo y Su trabajo entre el pueblo de Dios. Como resultado, no tienen forma alguna de entender las señales de los tiempos, ya sea lo que está ocurriendo en el presente o lo que pasará en el futuro. Les diré esto: no es posible conocer la voluntad de Dios para el ahora sin el Espíritu Santo. Podemos conocer la voluntad general del Señor a través de Su Palabra escrita, pero no podemos entender las Escrituras proféticas que encajan exactamente en el ahora.

Debemos tener en cuenta que, si no recibimos la revelación de Dios y no entendemos la profecía, lucharemos por vivir correctamente y servir a los demás en el ministerio durante estos tiempos cruciales. Creo que si nosotros, como cristianos, comprendiéramos verdaderamente la época en que vivimos, no nos desanimaríamos ni nos distraeríamos con actividades que no tienen valor espiritual real, y que nunca fuimos llamados a realizar. Ciertas personas creen que, si la profecía es real, esta aplica a otras personas, pero no a ellos. No es la voluntad de Dios que andemos a tientas o que apliquemos Su Palabra de cualquier manera que queramos, sino que entendamos la profecía que nos ha dado, guiados por Su Palabra y Su Espíritu.

> **MIENTRAS UNA PALABRA *RHEMA* ES UNA REVELACIÓN PARA EL AHORA, LA PROFECÍA ES UNA PALABRA PARA EL FUTURO.**

LOS MINISTERIOS DE LOS PROFETAS Y APÓSTOLES

La revelación y la profecía son dos tipos de unción del Espíritu Santo que prepararán el camino para la segunda venida de Cristo. Los profetas del Antiguo Testamento prepararon el camino para la primera venida de Jesús, y los apóstoles y profetas de la iglesia de hoy ayudarán a preparar el camino para Su segunda venida. Revelarán verdades esenciales de Dios, así como los apóstoles y profetas del primer siglo ayudaron a la iglesia primitiva a entender la plenitud del evangelio: *"misterio que en otras generaciones no se dio a conocer a los hijos de los hombres, como ahora es revelado a sus santos apóstoles y profetas por el Espíritu"* (Efesios 3:5).

Desafortunadamente, con el paso de los siglos, los ministerios del apóstol y del profeta se perdieron, en efecto, de la vida cotidiana de la iglesia y, con ellos, sus dones únicos, los cuales Dios les dio para edificar a Su pueblo. Dios les ha dado a los apóstoles y profetas la capacidad de interpretar los tiempos y las temporadas que vivimos, y los necesitamos tanto como a cualquier otro ministerio de la iglesia. Sin ellos, no podremos aprehender los misterios y consejos de Dios, que de otra manera permanecerían ocultos.

En los últimos tiempos, el Espíritu Santo ha estado restaurando estos dos ministerios en el cuerpo de Cristo. Los apóstoles y profetas se están uniendo como una voz unificada en la tierra, como una compañía que está preparando el camino del Señor. Los profetas de antaño representan la primera gloria, y los apóstoles y profetas de hoy representan la gloria final. El Espíritu Santo está levantando voces apostólicas y proféticas para anunciar la llegada de Jesucristo, trayendo la revelación a los creyentes y preparándolos para ser el remanente que marcará el comienzo de Su venida.

¿QUÉ HACE QUE UNA PROFECÍA SEA VÁLIDA?

Una profecía reveladora no es cualquier palabra que predice el futuro. Debemos ser cuidadosos porque muchas voces se están levantando hoy en día para traer confusión e incredulidad entre los creyentes y la gente en el mundo. Para que una profecía sea válida, debe venir realmente de Dios. ¿Pero cómo podemos saber que algo que escuchamos viene realmente de Él? Hay tres bases indiscutibles para reconocer una verdadera palabra profética: la Escritura, el Espíritu Santo y las fiestas del Señor.

1. LA ESCRITURA

Sabemos que la Palabra de Dios aún no se ha cumplido en su totalidad, lo que le da a la Escritura su continua naturaleza profética. Cada vez que una profecía basada en la Palabra se cumple, ese aspecto de la Biblia se convierte en historia. *"Tenemos también la palabra profética más segura, a la cual hacéis bien en estar atentos como a una antorcha que alumbra en lugar oscuro, hasta que el día esclarezca y el lucero de la mañana salga en vuestros corazones"* (2 Pedro 1:19). Por lo tanto, si toda la profecía de la Biblia ya se hubiera cumplido, estaríamos leyendo sólo un libro de historia.

El aspecto profético de la Escritura es todo lo que tiene que ver con las promesas y profecías de Dios para el futuro. Todo lo que la Biblia anuncia que aún no se ha cumplido es algo que debemos esperar y buscar. Si no estamos abiertos a lo profético, estamos diciendo que no queda obra de Dios por ver. No debemos despreciar las profecías bíblicas o las profecías dadas por el Espíritu Santo hoy en día. (Vea 1 Tesalonicenses 5:20).

La gente en la iglesia parece estar completamente dividida entre el Dios histórico y el Dios del ahora, olvidando que Él es *"el que era, el que es, y el que ha de venir"* (Apocalipsis 4:8). Si alguien lee la Biblia como un libro histórico solamente, concluirá que no habrá una segunda venida de Jesucristo. Hay muchos predicadores que no creen en la segunda venida. Pero, esto significa que tampoco creen en el testimonio de Jesús, que murió, resucitó y regresará, porque el propio Jesús dijo: *"¡He aquí, vengo pronto! Bienaventurado el que guarda las palabras de la profecía de este libro"* (Apocalipsis 22:7).

CUANDO NO CONOCEMOS LA PALABRA DE DIOS, NO TENEMOS BASE PARA JUZGAR LA PROFECÍA.

Podemos saber que una profecía viene de Dios si ella afirma la segunda venida de Cristo mientras reúne otras pruebas bíblicas de autenticidad (vea, por ejemplo, 1 Juan 4:1–3) y desafía a la iglesia a prepararse. Dios aún sigue hablando, y porciones significativas de lo que ha predicho en la Biblia aún están por verse y cumplirse.

2. EL ESPÍRITU SANTO

El Espíritu Santo revela *"aun lo profundo de Dios"* (1 Corintios 2:10) y trabaja con las intenciones originales del Señor. *"Pero cuando venga el Espíritu de verdad, él os guiará a toda la verdad; porque no hablará por su propia cuenta, sino que hablará todo lo que oyere, y os hará saber las cosas que habrán de venir"* (Juan 16:13). El Espíritu está revelando los misterios de los últimos tiempos ahora más que nunca. Quiero enfatizar de nuevo que, sin la revelación del Espíritu Santo, no podemos tener una guía clara sobre qué hacer ni cómo hacerlo. Y sin el Espíritu Santo mismo, no tendríamos ninguna revelación de nuestro destino en Dios; antes bien, parecería como si todo lo que sucedió en nuestras vidas y en el mundo fuera mera coincidencia.

Necesitamos entender que, en nuestra relación con Dios, todo comienza con "pre". Él *predeterminó* Sus planes para la tierra, "[anunciando] *lo por venir desde el principio*" (Isaías 46:10). Nos predestinó *"para que [fuésemos] hechos conformes a la imagen de su Hijo"* (Romanos 8:29). Nos predestinó *"para buenas obras, las cuales Dios preparó de antemano para que anduviésemos en ellas"* (Efesios 2:10). Por lo tanto, nuestro destino no es algo que simplemente ocurre. Dios predestina todo desde el principio. *"Escribe al ángel de la iglesia en Filadelfia: Esto dice el Santo, el Verdadero, el que tiene la llave de David, el que abre y ninguno cierra, y cierra y ninguno abre"* (Apocalipsis 3:7).

Necesitamos la revelación del Espíritu Santo para entender nuestro propósito y destino y caminar en los mismos. Sólo entonces podemos encontrar un significado a lo que está sucediendo a nuestro alrededor. Si usted es un hijo de Dios, nada de lo que está viviendo actualmente es un accidente. No ocurrió "sólo porque sí", sin una razón. Está directamente relacionado con el propósito que Dios tiene para usted, y está diseñado para ayudarle a ser más fuerte en Él. Por lo tanto, sin importar las circunstancias, alabe a Dios. Al alabarlo, Él obrará para que todo termine bien.

3. LAS FIESTAS DEL SEÑOR

Las fiestas del Señor mencionadas en la Biblia nos permiten reconocer la verdadera profecía mostrándonos el calendario de Dios en los últimos días. Una de las palabras hebreas para "fiesta" es *moed*, que significa "una cita" o "un tiempo o temporada fija". Esta es la palabra que se traduce como *"fiestas"* en el primer verso del siguiente pasaje:

> *Estas son las fiestas solemnes de Jehová... A los quince días del mes séptimo, cuando hayáis recogido el fruto de la tierra, haréis fiesta a Jehová por siete días; el primer día será de reposo, y el octavo día será también día de reposo. Y tomaréis el primer día ramas con fruto de árbol hermoso, ramas de palmeras, ramas de árboles frondosos, y sauces de los arroyos, y os regocijaréis delante de Jehová vuestro Dios por siete días. Y le haréis fiesta a Jehová por siete días cada año; será estatuto perpetuo por vuestras generaciones; en el mes séptimo la haréis.* (Levítico 23:37, 39–41)

Desafortunadamente, en gran parte de la iglesia, la enseñanza conocida como el *dispensacionalismo* ha reemplazado la revelación de las fiestas del Señor como el indicador del calendario de Dios para los últimos días. Muchos colegios y universidades cristianas enseñan el dispensacionalismo. Una "dispensación" ha sido definida como "un período de tiempo durante el cual el hombre es probado con respecto a la obediencia a alguna revelación específica de la voluntad de Dios".[1]

En el dispensacionalismo, los intérpretes de la Biblia delinean varias etapas o períodos de tiempo (a menudo siete) en el plan de Dios para la humanidad. Sin embargo, no está claro cuándo comienzan o terminan estos períodos. Por lo tanto, si adoptamos esta forma de pensar, no podemos tener un conocimiento adecuado sobre los tiempos y las temporadas de Dios. Las fiestas sí nos proporcionan este conocimiento. Las dispensaciones son construcciones hechas por el hombre que los intérpretes de la Biblia desarrollaron para tratar de entender mejor la historia

---

1. C. I. Scofield, *Scofield Reference Notes (1917 Edition)*, "Genesis 1," https://www.biblestudytools.com/commentaries/scofield-reference-notes/genesis/genesis-1.html.

de la redención. Sin embargo, Dios mismo designó las fiestas del Señor, y por lo tanto son precisas para revelar los tiempos y temporadas.

Los judíos creen que los principales eventos de la historia están marcados por los tiempos de las fiestas. Por ejemplo, conmemoran el "cumpleaños del mundo", el día de la creación de Adán y Eva, en Rosh Hashaná, que es también el Año Nuevo Judío. Dios le dio la ley a Moisés en el Monte Sinaí en el momento de Pentecostés. Los principales eventos en la redención de la humanidad por parte de Cristo están ligados a tres fiestas principales: Pascua, Pentecostés y Tabernáculos. Jesús tuvo que morir durante la fiesta de la Pascua. No podría haber muerto en ningún otro momento porque Él es el Cordero sacrificial entregado por los pecados del mundo entero. El derramamiento del Espíritu, que Jesús dijo que el Padre enviaría en Su nombre, ocurrió en Pentecostés. Y la fiesta de los Tabernáculos está relacionada con la segunda venida de Jesús.

LAS FIESTAS DEL SEÑOR REVELAN LAS TEMPORADAS DE DIOS.

A lo largo de los siglos, el enemigo ha trabajado de varias maneras para evitar que el pueblo de Dios reconozca las temporadas espirituales. Ha usurpado los patrones de Dios para traer confusión. Entre otras cosas, ha alterado el calendario a través del cual la humanidad marca el tiempo en la tierra. Daniel lo anticipó de esta manera: *"Y hablará palabras contra el Altísimo, y a los santos del Altísimo quebrantará, y pensará en cambiar los tiempos y la ley; y serán entregados en su mano hasta tiempo, y tiempos, y medio tiempo"* (Daniel 7:25). Se dice que el antiguo calendario lunar romano usaba un sistema de diez meses con 304 días al año. Este fue un precursor del calendario solar gregoriano de doce meses y 365 días al año, que casi todo el mundo usa hoy en día. El calendario judío es lunisolar, mientras que el que rige el mundo musulmán, ya sea con fines cívicos o religiosos, o ambos, es exclusivamente lunar.

Nuestros sistemas de calendario actuales pueden tener sus usos cotidianos, pero no son útiles para discernir las temporadas espirituales o para indicar el tiempo profético en el que estamos actualmente. Las fiestas del Señor pueden permitirnos entender verdaderamente el calendario de Dios. No todas las fiestas se han cumplido completamente, pero lo harán. Los tiempos de Dios se han establecido para la eternidad; ellos no cambian. Y las fiestas revelan sus propósitos eternos. Sin la revelación de estas fiestas, permaneceremos ciegos a esos propósitos. Por eso, debemos volver a reconocer su importancia y tratar de entenderlas.

Las fiestas también son significativas porque son tiempos en los que se abren portales al reino espiritual. Podemos decir que el cielo se acerca a la tierra durante esos períodos, cuando ocurren visitas de Dios a Su pueblo, actividad angélica, protección sobrenatural, milagros, ciclos de bendición y cumplimiento de promesas. Aunque los eventos inusuales en el reino físico pueden suceder en cualquier momento, no tienen el mismo peso o significado que cuando suceden durante una de las fiestas.

Como creyentes, estamos llamados a celebrar las fiestas del Señor. El hecho de que la mayoría de cristianos no sean judíos por herencia no nos exime. Al contrario, se supone que debemos celebrar las fiestas con mayor revelación debido a la venida de Jesucristo. Las siguientes son las fiestas que la iglesia debe observar:

- La fiesta de la Pascua, que se cumplió con la muerte de Cristo

- La fiesta de Pentecostés, cuyo comienzo se cumplió con la venida del Espíritu Santo, la cual es relatada en el libro de los Hechos. Esta es la fiesta de la era de la iglesia. Todavía estamos en esta fiesta, aunque nos estamos moviendo hacia su conclusión.

- La fiesta de los Tabernáculos que, como mencioné anteriormente, es la fiesta que precederá a la venida del Señor

Dios le ordenó al pueblo judío que mantuviera estas fiestas, las cuales requerían seguir ciertos rituales y tradiciones. Los cristianos las celebran no por ley o tradición sino sabiendo que están conectadas a los propósitos de nuestro Señor Jesucristo. La Santa Cena es un ejemplo común de una fiesta del Señor que los cristianos celebran, aunque no se den cuenta. Muchos cristianos no saben que la comunión fue instituida para reconocer el cumplimiento de la fiesta de la Pascua. También podemos celebrar el Yom Kippur, o Día de la Expiación, humillándonos y arrepintiéndonos ante Dios. No necesitamos que un sumo sacerdote ofrezca un sacrificio animal en el templo cada año para recibir la expiación de nuestros pecados. Jesucristo es el eterno Sumo Sacerdote que se ofreció a Sí mismo como nuestro sacrificio una vez y para siempre. En Yom Kippur, podemos apartar un día para reconocer el tremendo sacrificio que Jesús hizo por nosotros.[2]

SIN UN ENTENDIMIENTO DE LAS FIESTAS DEL SEÑOR, ES IMPOSIBLE SABER DÓNDE ESTAMOS EN EL CALENDARIO DE DIOS.

APLICACIONES DE LA PROFECÍA BÍBLICA

La profecía en la Biblia nos da una revelación sobre tres grupos: Israel, la iglesia y el mundo. Si excluyéramos cualquiera de estos tres, la profecía estaría incompleta. Las profecías para cada uno de estos grupos son distintas. Tienen diferentes tiempos, señales y formas de relacionarse entre sí. Echemos un breve vistazo a cada área.

2. Para leer más sobre los significados del nuevo pacto de las fiestas del Señor, vea Mark Levit y John J. Parsons, "The Jewish Holidays: A Simplified Overview of the Feasts of the Lord", Hebrew for Christians, https://www.hebrew4christians.com/Holidays/Introduction/introduction.html.

ISRAEL

Por casi dos mil años antes del siglo veinte, el pueblo judío se extendió a todos los rincones de la tierra. Sin embargo, en 1948 se estableció el Estado de Israel. Desde entonces, millones de judíos han regresado a Tierra Santa para vivir en una nación situada en su antiguo territorio. En 1980, el cuerpo legislativo de Israel declaró mediante ley que Jerusalén era su capital. En 2017, fuimos testigos del jubileo de Jerusalén cuando los Estados Unidos reconocieron oficialmente la ciudad santa como la capital de Israel y anunciaron que trasladarían su embajada allí. Sin Jerusalén, Israel estaría incompleto porque, cuando Cristo regrese, el mundo vendrá a Jerusalén para adorarlo durante el milenio.

El restablecimiento del Estado de Israel fue un fenómeno que nunca había ocurrido en la historia del mundo: los descendientes de un pueblo conquistado, dispersos por todo el mundo en una diáspora durante miles de años, se reunieron en su antigua patria y se constituyeron de nuevo como nación. Otros países del mundo —la mayoría miembros de las Naciones Unidas— votaron a favor de esta reconstitución. Sin saberlo, votaron por el cumplimiento de una promesa de Dios. Lo que Ezequiel profetizó en los capítulos 36–37 de su libro se ha cumplido. Un pasaje dice:

> *Mas vosotros, oh montes de Israel, daréis vuestras ramas, y llevaréis vuestro fruto para mi pueblo Israel; porque cerca están para venir. Porque he aquí, yo estoy por vosotros, y a vosotros me volveré, y seréis labrados y sembrados. Y haré multiplicar sobre vosotros hombres, a toda la casa de Israel, toda ella; y las ciudades serán habitadas, y edificadas las ruinas. Multiplicaré sobre vosotros hombres y ganado, y serán multiplicados y crecerán; y os haré morar como solíais antiguamente, y os haré mayor bien que en vuestros principios; y sabréis que yo soy Jehová. Y haré andar hombres sobre vosotros, a mi pueblo Israel; y tomarán posesión de ti, y les serás por heredad, y nunca más les matarás los hijos.* (Ezequiel 36:8–12)

En Mateo 24, Jesús habló de la higuera, un símbolo de la nación de Israel: *"De la higuera aprended la parábola: Cuando ya su rama está tierna, y brotan las hojas, sabéis que el verano está cerca. Así también vosotros, cuando veáis todas estas cosas, conoced que está cerca, a las puertas"* (Mateo 24:32–33). Israel es la higuera y la niña de los ojos de Dios. Durante dos mil años, la gente dijo, "Israel está acabado". Pero entonces las profecías se cumplieron, y la nación volvió a la vida. Muchos predicadores no pueden explicar este fenómeno porque creen en la "teología del reemplazo", que dice que la iglesia ha reemplazado a Israel en los propósitos de Dios. Esto no es cierto. Dios tiene un plan tanto para Israel como para la iglesia. Él hizo promesas de pacto con Israel, y esas promesas son tan válidas hoy como lo fueron hace miles de años.

Usted y yo vivimos en un período en el que las profecías bíblicas del fin de los tiempos sobre Israel se están cumpliendo. Pedro, Pablo y el resto de los apóstoles nunca vieron este día; sólo pudieron anhelarlo, soñarlo y declarar que ocurriría, pero no lo presenciaron como sucede con nosotros y otros creyentes. Este es el privilegio que Dios le ha dado a nuestra generación. Y hay más profecías aún por cumplirse, incluyendo aquellas que dicen que los judíos reconocerán a Jesús como su verdadero Mesías.

EL RENACIMIENTO DE ISRAEL COMO NACIÓN ES UNA DE LAS PROFECÍAS DE LOS ÚLTIMOS TIEMPOS QUE SE CUMPLIÓ EN EL SIGLO VEINTE.

LA IGLESIA DE CRISTO

Las profecías bíblicas sobre la iglesia incluyen predicciones de persecución, apostasía y la fidelidad del remanente de Dios. En el último siglo hemos visto más profecías sobre la iglesia cumplidas que nunca antes.

Algunas profecías que tienen que ver con la persecución de la iglesia se cumplieron durante la Edad Media, pero otras se siguen cumpliendo hoy en día en países donde el cristianismo es ilegal o está condenado al ostracismo. (Vea, por ejemplo, Mateo 24:9–10). Al mismo tiempo, especialmente en Occidente, la iglesia está pasando por uno de sus mayores momentos de apostasía, tal como se predijo. (Vea, por ejemplo, 1 Timoteo 4:1). Estamos viendo un apartamiento de la fe, de lo sobrenatural y del ministerio del Espíritu Santo que resulta bastante alarmante.

El "Centro de Investigaciones Pew" publicó un informe sobre el acelerado declive del cristianismo en los Estados Unidos. Encuestas telefónicas realizadas entre 2018 y 2019 encontraron que el 65 por ciento de los adultos estadounidenses se definen como cristianos, lo que es un 12 por ciento menos que en la década pasada. Los que no tienen afiliación religiosa, que se autodefinen como "ateos, agnósticos, o 'nada en particular'", llegan al 26 por ciento, en comparación al 17 por ciento reportado en 2009.[3]

Mientras tanto, porciones significativas de la iglesia están ignorando o renunciando a lo sobrenatural, al poder del Espíritu Santo, y a la eficacia plena de la cruz. La iglesia se ha apartado del sacerdocio de los creyentes, la oración, la adoración y el ayuno. Para muchas congregaciones, la iglesia se ha convertido en un mero club social. Algunos tratan de ayudar a sus comunidades y al mundo, pero lo están haciendo sin el poder de la cruz y del Espíritu de Dios. La apostasía comienza cuando los cristianos se desvinculan del Espíritu Santo y de lo sobrenatural, y culmina cuando renuncian a su fe en Jesucristo.

Pero hay un remanente de cristianos que aceptan de todo corazón al Espíritu Santo, y todo lo que Dios desea derramar sobre Su pueblo. Creo que esos cristianos constituyen la verdadera iglesia que no claudica. Vemos una referencia a este fiel remanente en el libro del Apocalipsis,

---

3. "In U.S., Decline of Christianity Continues at Rapid Pace," Pew Research Center, Religion & Public Life, October 17, 2019, https://www.pewforum.org/2019/10/17/in-u-s-decline-of-christianity-continues-at-rapid-pace/. (Por favor, consulte la página de derechos de autor para la exención de responsabilidad con respecto a los datos del Centro de Investigación Pew citados a lo largo de este libro).

que repite la frase *"el que venciere"*. (Vea, por ejemplo, Apocalipsis 2:7; 3:5; 21:7).

Esta generación está a punto de ver el mayor derramamiento del Espíritu Santo y el mayor avivamiento de la historia. La iglesia remanente está a punto de entrar en la gloria de Dios. Este remanente completará su ciclo espiritual cuando la novia de Cristo sea tomada por su Esposo, Jesús. La tierra comenzó con la gloria de Dios manifestada en la creación, y terminará con la gloria manifestada en las maravillas sobrenaturales de los últimos días que Dios está a punto de revelar. El movimiento de los últimos tiempos será un movimiento soberano de Dios mismo.

En estos días, el Señor quiere revelarse más plenamente a la iglesia, y por eso está trayendo manifestaciones de Su gloria. Sólo cuando moremos en Su gloria dejaremos de buscar en los seres humanos nuestra fuerza y ayuda, y en su lugar lo buscaremos a Él. *"Antes bien, como está escrito: Cosas que ojo no vio, ni oído oyó, ni han subido en corazón de hombre, son las que Dios ha preparado para los que le aman. Pero Dios nos las reveló a nosotros por el Espíritu; porque el Espíritu todo lo escudriña, aun lo profundo de Dios"* (1 Corintios 2:9–10). El Espíritu Santo está develando, hoy más que nunca, mayor entendimiento espiritual sobre los elegidos de Dios. Sólo a través de la revelación del Espíritu de Dios veremos lo que ningún ojo ha visto y oiremos lo que ningún oído ha oído.

EL MUNDO

Las profecías acerca de los últimos tiempos del mundo incluyen predicciones de confusión generalizada y aumento del aprendizaje. Cuando Jesús habló de las señales de los últimos tiempos, incluyó la señal de la "perplejidad" o el desconcierto: *"Entonces habrá señales en el sol, en la luna y en las estrellas, y en la tierra angustia de las gentes, confundidas a causa del bramido del mar y de las olas"* (Lucas 21:25). Esto significa que los pueblos del mundo no sabrán qué hacer con los problemas que experimentan globalmente y en sus comunidades.

Además, en el libro de Daniel, leemos, *"Muchos correrán de aquí para allá, y la ciencia se aumentará"* (Daniel 12:4). Desde principios del siglo veinte, la humanidad ha creado aviones y vehículos que viajan por el espacio; inventó los teléfonos celulares y la robótica; ha desarrollado nuevas medicinas, vacunas, cirugías y mucho más. La humanidad continúa haciendo grandes avances en la ciencia, la tecnología y la medicina. Pero incluso con todo el conocimiento adquirido, los seres humanos se ven confundidos por cuestiones graves para las cuales parece no tener respuestas. El mundo está perplejo por problemas como los desastres naturales; la angustia por el medio ambiente; las enfermedades, dolencias y plagas; los gobiernos corruptos; las políticas divisorias y la incertidumbre económica. Además, a la gente le preocupan los problemas de seguridad actuales, la inestabilidad política en el Oriente Medio y la amenaza de ataques terroristas.

Los individuos también luchan con la perplejidad en sus vidas personales. ¿Está usted afrontando perplejidad en sus finanzas? ¿Matrimonio? ¿Familia? ¿Salud? ¿Está a punto de perderlo todo? ¿Se siente acorralado, sin salida? ¡Con Dios siempre hay una salida! Solo porque no pueda verlo obrando ahora mismo, no significa que Él no esté consciente de sus necesidades. Simplemente quiere decir que Él aún no ha revelado Sus respuestas o que usted aún no las has discernido. El Espíritu Santo puede revelarle esas respuestas. Dios tiene soluciones para todas nuestras preocupaciones. Debemos aprender a escuchar y oír lo que Él nos dice.

> **LA REVELACIÓN ES EL CAMINO PARA SALIR DE TODA PERPLEJIDAD. CUANDO LA REVELACIÓN LLEGA, LA CONFUSIÓN TERMINA.**

¿Por qué Dios ha permitido que un espíritu de confusión opere en la tierra en medio de todo nuestro avanzado conocimiento humano?

Porque los seres humanos deben entender que, sin Dios, Su Palabra y Su Espíritu, no podemos encontrar respuestas a los grandes problemas que enfrenta nuestra generación. Los líderes gubernamentales, científicos, banqueros, celebridades, atletas, médicos y abogados se enfrentarán cada vez más al desconcierto, pero no experimentarán alivio alguno. Desearán desesperadamente respuestas, pero no encontrarán ninguna.

He llegado a la conclusión de que la única forma que la gente tome en serio a Dios es cuando atraviesa alguna crisis. Nuestro mundo claramente está enfrentando tipos de crisis para los cuales, humanamente hablando, no hay salida. Sólo Dios tiene las respuestas. Así como las soluciones a nuestros problemas individuales vendrán por revelación del Espíritu de Dios, las respuestas a las perplejidades de la humanidad vendrán por revelación.

Como iglesia, debemos estar listos para recibir y transmitir la revelación de Dios a fin de resolver esas perplejidades. Para ello, debemos volver a los fundamentos de la verdad, la fe, lo sobrenatural, la cruz, la resurrección, el poder de Dios, la sangre de Cristo y otras poderosas realidades espirituales que Dios ha revelado en Su Palabra. Esta es la única manera como podemos permanecer firmes como remanente fiel, ministrando al mundo mientras preparamos el camino para la segunda venida de Cristo.

Y el Espíritu y la Esposa dicen: Ven. Y el que oye, diga: Ven.
(Apocalipsis 22:17)

¡*Maranatha*! ¡Jesús regresa pronto!

RESUMEN

+ El Espíritu Santo está llamando y reuniendo al remanente en la iglesia; este remanente preparará el camino para la segunda venida del Señor.

+ La iglesia de hoy tiene una deficiencia de conocimiento revelado y profecía; el enemigo ha estado robando esta revelación del pueblo de Dios a través de los siglos, buscando generar confusión e incredulidad.

+ Sólo podemos reconocer los tiempos y las temporadas espirituales a través de la revelación del Espíritu de Dios y la profecía, incluyendo los aspectos proféticos de las fiestas del Señor.

+ Nuestro conocimiento espiritual *fundamental* proviene de las enseñanzas y ejemplos de las Escrituras, o de la Palabra de Dios escrita. El conocimiento *revelado* viene de la *rhema* del Espíritu Santo, o de la palabra de Dios para nosotros hoy, para situaciones específicas. El propósito del conocimiento revelado es abrir nuestros ojos espirituales y el entendimiento para que seamos conscientes de las verdades y la información que Dios desea darnos en el ahora. El conocimiento *profético* se refiere a la profecía contenida en la Biblia. La Escritura nos dice que *"el testimonio de Jesús es el espíritu de la profecía"* (Apocalipsis 19:10). La profecía nos permite anticipar el futuro para estar preparados.

+ La voluntad de Dios es darnos a conocer Sus propósitos y Su obra en el presente y para el futuro.

+ Los profetas del Antiguo Testamento prepararon el camino para la primera venida de Cristo, y los apóstoles y profetas de la iglesia preparan el camino para Su segunda venida.

+ Tres bases indiscutibles para reconocer una verdadera palabra profética son: la Escritura, el Espíritu Santo y las fiestas del Señor, que son los patrones de Dios para revelar Sus planes eternos.

+ Las fiestas que la iglesia debe celebrar son las siguientes: la fiesta de la Pascua, que se cumplió con la muerte de Cristo; la fiesta de Pentecostés, que abarca la venida del Espíritu Santo y la edad de la iglesia; y la fiesta de los Tabernáculos, que es la fiesta que precederá a la venida del Señor.

+ La profecía en la Biblia nos da revelación respecto a tres grupos: Israel, la iglesia y el mundo. Si excluyéramos cualquiera de estos tres, la profecía estaría incompleta. Las profecías para cada uno de estos grupos son distintas. Tienen diferentes tiempos, señales y formas de relacionarse entre sí.

+ Una profecía significativa que se cumplió en el siglo veinte fue la reconstitución de Israel como nación, con el establecimiento de Jerusalén como su capital.

+ Sólo el conocimiento revelado de Dios puede darnos una salida a las terribles situaciones del mundo que imperan en nuestro tiempo y generan perplejidad en la vida de las naciones, comunidades e individuos.

+ *"El Espíritu y la Esposa dicen: Ven"* (Apocalipsis 22:17).

ACTIVACIÓN

Querido lector, me gustaría guiarlo a orar para que el Espíritu Santo empiece a revelarle la urgencia de los tiempos que vivimos y la cercanía de la venida de Cristo por Su iglesia. Necesita estar preparado, observando y orando con sus ojos espirituales abiertos, y en la perfecta voluntad de Dios para su vida durante estos días trascendentales.

Padre Celestial, Te doy gracias por Tu Palabra escrita, Tu Espíritu Santo, la profecía y los profetas que anuncian Tu venida, y los apóstoles que preparan al pueblo para recibir al Rey de Reyes. Te pido que me perdones por no creer en la segunda venida de Jesús, por no ver las señales, y por pensar que la profecía de alguna manera sólo le concierne a los demás y no a mí. Hoy, Te pido que traigas una nueva revelación a mi vida y que me inculques la urgencia de los tiempos que estoy viviendo. Me comprometo a buscar Tu presencia y a escuchar la voz del Espíritu Santo. Quiero recibir la revelación de la temporada que mi generación está atravesando. Quiero saber cuál es Tu voluntad para mí como parte del remanente que espera la inminente venida de Tu Hijo. Declaro una nueva temporada en mi vida y en mi relación contigo —una temporada de revelación, poder sobrenatural y avance del reino en mi familia, trabajo, iglesia, ciudad y nación, ¡en el nombre de Jesús! Uno mi voz al clamor del Espíritu Santo, diciendo: "¡Ven, Señor Jesús!"

TESTIMONIOS DE SEÑALES DE LOS ÚLTIMOS TIEMPOS

"EL AVIVAMIENTO LLEGÓ A LA INDIA"

El pastor Anish Mano Stephen es de Bangalore (oficialmente conocida como Bengaluru), la capital de un estado al sur de la India. Es ingeniero en computación, pero ha sido llamado por Dios para impactar su nación con el poder sobrenatural. Hoy en día, está viviendo su mejor temporada espiritual con señales sorprendentes bajo la guía del Espíritu Santo. Miles de personas que nunca habían oído hablar de Cristo han venido a Jesús y han visto Sus milagros y obras sobrenaturales. Estos resultados extraordinarios forman parte del cumplimiento de la promesa de Dios de que antes de la venida del Señor, el mundo entero escuchará el evangelio de salvación.

En 2014, era ingeniero en computación y trabajaba para una compañía multinacional, pero al mismo tiempo pastoreaba una iglesia en el sur de la India, cuando el Señor me llamó al ministerio a tiempo completo. Ese año, el pastor Chandy, quien tiene una mega-iglesia en Nueva Delhi, me llevó a la conferencia del apóstol Maldonado en Mumbai, en la costa oeste de la India. Nuestra iglesia se había estado moviendo de alguna manera en lo sobrenatural, viendo sanidades básicas y pequeñas transformaciones, pero nada comparado con lo que se ve en el ministerio del apóstol Maldonado.

En 2016, nuevamente asistimos a la conferencia del apóstol. Mientras estábamos allí, él invitó a un pequeño grupo de pastores, que me incluía a mí, a una sesión especial. Nos ministró bajo un gran mover del Espíritu Santo. Luego dijo: "Si creen, este domingo verán la gloria de Dios", y bendijo nuestros proyectos de construcción y otros asuntos. Esta fue la palabra más poderosa que jamás había recibido. Ese domingo fui a la iglesia y dejé que el Espíritu Santo fluyera, sin someterlo a nuestra agenda. Como resultado, surgió una adoración espontánea. La gente fue llena del Espíritu y cayó a los pies del Señor. Era la primera vez que experimentamos algo así, por lo que pedí testimonios.

Mientras la gente testificaba, empecé a oír un sonido como una tormenta de granizo, pero cuando miré por la ventana, ni siquiera estaba lloviendo. Entonces, sentí como si el edificio temblara, como si se produjera un terremoto. Después que el temblor pasó, inmediatamente sentí una explosión, como la de una pequeña bomba. Esto causó que un mosaico se saliera de su lugar en una pared. Sin embargo, salió limpiamente, sin agrietarse ni romperse. Toda nuestra atención se centró en ese mosaico o azulejo. Después de una pausa, sentí que una persona enorme caminaba desde el azulejo a la plataforma y luego dentro de mí. Después de esto, todos los azulejos se soltaron, uno por uno, pero había una gran calma y paz en el aire. Estaba alabando a Dios por habernos salvado del terremoto, pero más tarde nos dimos cuenta de que no había ocurrido ningún terremoto porque no había cristales rotos, ni había destrucción en el exterior.

La seguridad del edificio entró, y cuando vieron lo que había pasado, dijeron: "Pastor, ha hecho magia negra". Pensé: "Si ellos son tan rápidos para creer en el poder sobrenatural de las tinieblas, ¿cómo yo no voy a creer en el poder sobrenatural de Dios?"

De repente, una hermana de la iglesia me recordó Apocalipsis 11:19: *"Y el templo de Dios fue abierto en el cielo, y el arca de su pacto se veía en el templo. Y hubo relámpagos, voces, truenos, un terremoto y grande granizo".* Los ingenieros civiles también vinieron a ver los mosaicos y dijeron que lo que había sucedido no era naturalmente posible.

Después de esto, muchas cosas cambiaron en nuestro ministerio. La primera fue que mi fe para creer en el poder sobrenatural de Dios creció. La noticia de lo que había sucedido se extendió por toda la ciudad, y la gente comenzó a invitarme a predicar y a manifestar este mismo poder en otras iglesias. Esto nos conectó con los pastores principales de la India. En segundo lugar, mi ministerio en el norte del país se incrementó. La asistencia a las cruzadas creció, llegando a las dos mil quinientas personas. Traían a la gente en ambulancias y camillas, y Dios los sanaba. En zonas donde antes no había ni un solo creyente muchos se convirtieron, y la manifestación de milagros y sanidades fue inaudita. Tercero, ¡el Señor me ha llevado de hacer solo un viaje misionero al año a visitar diecinueve naciones! En 2018, el Señor me envió a África por primera vez, y ahora organizamos cruzadas en las naciones del África Oriental.

Estoy muy agradecido con Dios por enviar al apóstol Maldonado a la India. Creo que la reunión de pastores a la que asistimos abrió los cielos sobre nuestra nación. Los poderes de las tinieblas fueron rotos, y los pastores y otros creyentes del país se activaron. Aunque estamos enfrentando la persecución, el avivamiento ha llegado a la India y está avanzando a pasos agigantados.

UNA PODEROSA TEMPORADA SOBRENATURAL

El pastor Pablo Cano de México ha visto la manifestación de Dios en su vida, porque ha entrado en la temporada del remanente que está llamado a preparar la venida del Señor con señales sobrenaturales. Su ministerio se ha multiplicado y han ocurrido todo tipo de milagros.

Hemos sido transformados en esta temporada, la cual comenzó después que nos conectamos con el Ministerio El Rey Jesús. Al principio llegamos al ministerio con una mentalidad de huérfanos, rogando por bendiciones. Después de recibir la revelación de que somos hijos de Dios, todo se aceleró. En quince años, nuestra iglesia no había podido superar las doscientas personas. Sin embargo, el año pasado, crecimos a más de dos mil personas, y no hemos dejado de crecer. Hace cuatro años, traíamos un diezmo muy pequeño, pero ahora es veinte veces mayor.

Dios nos ha dado más de quince acres de tierra en diferentes partes de la ciudad de Puebla, que está al sureste de la Ciudad de México. Eso no nos costó nada; ¡toda la tierra fue donada! Ahora, también estamos construyendo iglesias en una montaña en otra área, a una hora y media de Puebla. Anteriormente, hacíamos tres o cuatro servicios al día, pero incluso así no superamos nuestra actual capacidad. Ahora, tenemos un salón con capacidad para más de mil quinientas personas. ¡Todo se está acelerando, creciendo y multiplicando!

Además, estamos viendo muchos milagros que nunca antes habíamos experimentado, como milagros creativos y la sanidad de gente con cáncer. Un miembro de nuestra congregación es una vendedora ambulante. Un día, mientras trabajaba, vio que un hombre había muerto cerca de donde ella estaba. Cuando preguntó qué había pasado, le dijeron que se había atragantado con algo que había comido y se había asfixiado. Había estado allí durante una hora. Una enfermera certificó que no respiraba y que no tenía pulso. La mujer se acercó y pidió que se le permitiera pasar para verlo. Cuando le dijeron: "¿Quién eres?", ella respondió: "Soy una hija de Dios". Allí mismo, ¡declaró el poder de la resurrección, y en unos momentos, el hombre respiró de nuevo y se puso de pie! El hombre estaba conmocionado por lo que le había sucedido. El equipo de noticias de la radio más popular de Puebla llegó pronto, y toda la ciudad escuchó la noticia. ¡Todo Puebla se enteró que una mujer había orado por un muerto, en el nombre de Jesús, y éste había resucitado!

CAPÍTULO 2

LA PLENITUD DE LOS TIEMPOS

Salomón fue el rey más grande de Israel y el hijo del célebre rey David. Él construyó el templo que su padre había soñado construir, para que Dios fuera honrado y que Su presencia habitara en el Lugar Santísimo. Salomón fue también un escritor prolífico y dejó como legado muchos proverbios de sabiduría. Sin embargo, nunca alcanzó el mismo nivel de revelación que tenía su padre acerca de la venida del Mesías, Jesucristo. (Vea, por ejemplo, el Salmo 22). Por eso, con respecto a los tiempos y las temporadas, Salomón escribió lo siguiente:

> *Todo tiene su tiempo, y todo lo que se quiere debajo del cielo tiene su hora. Tiempo de nacer, y tiempo de morir; tiempo de plantar, y tiempo de arrancar lo plantado; tiempo de matar, y tiempo de curar; tiempo de destruir, y tiempo de edificar; tiempo de llorar, y tiempo de reír; tiempo de endechar, y tiempo de bailar; tiempo de esparcir piedras, y tiempo de juntar piedras; tiempo de abrazar, y tiempo de abstenerse de abrazar; tiempo de buscar, y tiempo de perder; tiempo*

*de guardar, y tiempo de desechar; tiempo de romper, y tiempo de
coser; tiempo de callar, y tiempo de hablar.* (Eclesiastés 3:1–7)

En este pasaje, Salomón describe los ciclos, tiempos y temporadas
en la tierra bajo condiciones naturales. Siento que su vida estuvo llena
de altibajos y que se encontraba insatisfecho. Básicamente, su conclusión
fue que, en la vida, a veces ganamos y a veces perdemos. Tenemos que
poner sus declaraciones en el contexto adecuado, recordando que fueron
escritas antes que Cristo viniera a la tierra, muriera en la cruz para redi-
mirnos y resucitara para darnos una vida verdadera. Salomón vivió
bajo el antiguo pacto y no fue nacido de nuevo. Como he mencionado
anteriormente, a diferencia de su padre, que fue un "hombre conforme
al corazón de Dios" (vea 1 Samuel 13:14; Hechos 13:22), Salomón no
recibió una revelación del Mesías venidero. Pese a que en su época fue el
hombre más rico que había existido, nunca alcanzó una vida abundante.
En el Nuevo Testamento, ni siquiera se le menciona entre los héroes de
la fe.

Cuando estamos en Cristo, no estamos limitados por los ciclos, los
tiempos ni las temporadas terrenales. Incluso si nos desviamos de los
propósitos de Dios, Él es capaz de restaurar o activar las temporadas
espirituales en nuestra vida, volviéndonos a alinear a Su voluntad para
que podamos servirle de todo corazón y darle la gloria.

¿QUÉ ES LA "PLENITUD DE LOS TIEMPOS"?

Dios es un Dios de ciclos, tiempos y temporadas sobrenaturales,
las cuales Él determina. Un *ciclo* es un período de tiempo que tiene un
punto de inicio y un punto final. Una *temporada* es un período de tiempo
marcado por favor sobrenatural. Los tiempos señalados por Dios son
diferentes del tiempo en la tierra, ya que lo experimentamos día a día
y año a año. Como hemos observado, el tiempo terrestre es impreciso
para marcar los movimientos de Dios en la historia. Esto se debe a que
el tiempo, tal como lo conocemos, con las limitaciones que nos impone,
es un aspecto de la caída, y forma parte de las consecuencias del pecado
de la humanidad en el jardín del Edén.

Los seres humanos experimentamos los ciclos y temporadas de Dios dentro de nuestro ámbito terrenal y sus restricciones temporales. Sin embargo, debido a que son sobrenaturales y eternos, trascienden el tiempo. Esta es otra razón por la que, como discutimos en el capítulo 1, las fiestas del Señor resultan más precisas que el dispensacionalismo para determinar el calendario de Dios. El dispensacionalismo se basa en parámetros de tiempo humano, mientras que las fiestas se basan en las temporadas de Dios.

> **AHORA ESTAMOS VIVIENDO EN UNA PLENITUD DE TIEMPO CUANDO TODO SE ESTÁ ALINEANDO A LA INMINENTE SEGUNDA VENIDA DE CRISTO.**

Además de los ciclos espirituales, tiempos y temporadas, existe la "plenitud de los tiempos":

> *Bendito sea el Dios y Padre de nuestro Señor Jesucristo, que nos bendijo con toda bendición espiritual en los lugares celestiales en Cristo, según nos escogió en él antes de la fundación del mundo, para que fuésemos santos y sin mancha delante de él, en amor habiéndonos predestinado para ser adoptados hijos suyos por medio de Jesucristo, según el puro afecto de su voluntad, ...dándonos a conocer el misterio de su voluntad, según su beneplácito, el cual se había propuesto en sí mismo, de reunir todas las cosas en Cristo, en la dispensación* [de la plenitud de los tiempos], *así las que están en los cielos, como las que están en la tierra.* (Efesios 1:3–5, 9–10)

Proféticamente, una plenitud de tiempo representa madurez, perfección, reconciliación, consolidación, crecimiento pleno y tiempo de cumplimiento. Es el clímax o punto culminante de un ciclo. La "plenitud de los tiempos" mencionada en el primer capítulo de Efesios se refiere al final de un período ordenado de tiempo o ciclo que Dios ha propuesto. Él formuló este ciclo de acuerdo con la plenitud de Su propio ser. La plenitud de los tiempos habla de todas las cosas reunidas en Cristo al final de todos los tiempos:

> *Dándonos a conocer el misterio de su voluntad, según su beneplácito, el cual se había propuesto en sí mismo, de reunir todas las cosas en Cristo, en la dispensación* [de la plenitud de los tiempos], *así las que están en los cielos, como las que están en la tierra.*
>
> (Efesios 1:9–10)

LA PLENITUD DE LOS TIEMPOS NO SE CUMPLE PORQUE TENEMOS FE; ES UN ACTO SOBERANO DE CUMPLIMIENTO REALIZADO POR DIOS.

La plenitud de nuestros tiempos se manifestará al completarse el megaciclo de Dios. Me refiero a este ciclo como "mega" porque habrá una convergencia de la gloria primera con la gloria postrera, lo natural con lo espiritual. (Vea Hageo 2:6–9). Habrán notado que últimamente muchos aspectos de la vida parecen haberse acelerado. Las horas del día, los meses, incluso los años parecen pasar más rápido que antes. Esto está sucediendo inclusive en el reino físico. La NASA dice que los cambios en los vientos atmosféricos y las corrientes oceánicas, así como los terremotos, pueden ser responsables de acortar literalmente nuestros días de manera diminuta. Por ejemplo, el terremoto que ocurrió en Japón en marzo de 2011 probablemente movió el eje de simetría de la tierra más de seis pulgadas e hizo que el planeta girara un poco más rápido.[4]

---

4. Alan Buis, "Japan Quake May Have Shortened Earth Days, Moved Axis," NASA, March 14, 2011, https://www.nasa.gov/topics/earth/features/japanquake/earth20110314.html. El eje de simetría es "el eje sobre el cual se equilibra la masa de la Tierra... no [se] debe confundir con su eje norte-sur".

Creo que, como nos estamos acercando al cumplimiento del megaciclo de Dios, experimentamos una aceleración espiritual que está afectando al mundo natural. Esta aceleración también ha apresurado la aparición de señales de los últimos tiempos. En muchos casos, lo que no se esperaba que ocurriera hasta dentro de algunos siglos, ha sucedido en unas pocas generaciones.

Todo cumplimiento requiere una alineación con el cielo. La plenitud de los tiempos es el medio por el cual los propósitos de Dios para el mundo se concentrarán en un vértice. En su punto máximo, esta plenitud traerá como consecuencia el cumplimiento de todas las profecías restantes. La plenitud es progresiva, acumulativa y generacional. Una determinada generación puede tener el privilegio de ver cómo la acumulación alcanza su plenitud, pero esa plenitud se ha ido gestando a lo largo de muchas generaciones precedentes.

> **NOS APROXIMAMOS A LA FINALIZACIÓN DEL MEGACICLO DE DIOS PORQUE ESTAMOS CERCA DE LA PLENITUD DE TODAS LAS COSAS, DONDE EL TIEMPO HABRÁ ALCANZADO SU PUNTO MÁXIMO.**

En lo que respecta a la iglesia, hay una diferencia entre la plenitud de los tiempos y el fin de una era. La plenitud de los tiempos es la culminación de *todas* las cosas, mientras que el fin de una era es la finalización de un aspecto de los propósitos de Dios. No todos los finales de una era lucen iguales, pero lo que sí es común a todos es que marcan la conclusión de algo viejo y el nacimiento de algo nuevo. Si no se manifiesta algo nuevo, es correcto decir que aún seguimos en la misma era. Por ejemplo, después de la llegada de Jesús, Juan el Bautista se fue; así, el final de la misión de Juan marcó el comienzo del ministerio de Jesús.

Jesús y Juan fueron contemporáneos, habiendo nacido con solo algunos meses de diferencia. Sin embargo, sus ministerios fueron para tiempos diferentes. La misión de Juan cerró el antiguo pacto, mientras que la misión de Jesús abrió el nuevo pacto.

En la plenitud hay diferentes niveles y medidas de completamiento. Incluso la segunda venida de Cristo al comienzo de la era milenaria concierne a la plenitud de una era o de *un* tiempo, pero no de *todos* los tiempos. Por eso es muy importante que entendamos la plenitud de los tiempos.

LOS EVENTOS QUE MARCARÁN EL FIN DE ESTA ERA SON EL RAPTO DE LA IGLESIA Y LA SEGUNDA VENIDA DE CRISTO.

Consideremos varios eventos para los cuales hubo una plenitud de tiempo. Dios formó la tierra durante una fiesta espiritual en la que todos los aspectos de la creación estaban completos y plenamente maduros. (Vea Génesis 2:1–3). Esa fue la plenitud de un tiempo, porque al final de una era y al comienzo de otra fue cuando Dios comenzó una relación con los seres humanos que había creado. Jesús nació en la plenitud de un tiempo —el tiempo de la ley bajo el antiguo pacto—. *"Pero cuando vino el cumplimiento del tiempo, Dios envió a su Hijo, nacido de mujer y nacido bajo la ley"* (Gálatas 4:4). La iglesia nació en la plenitud de un tiempo durante la fiesta de Pentecostés. Sabemos que la iglesia no nació al azar porque Jesús había sido muy específico al respecto con Sus discípulos antes de ascender al trono del Padre. Les dijo que esperaran a que el tiempo se cumpliera, que el Espíritu Santo les sería enviado en Su lugar. (Vea Lucas 24:49). Jesús volverá por su novia en la plenitud de un tiempo que marca el fin de la era de la iglesia. (Vea 1 Tesalonicenses 4:15–17). Y, como mencioné anteriormente, Jesús regresará a la tierra para comenzar Su reinado milenario en la culminación de un tiempo al final de la gran tribulación; entonces, el mundo comenzará una nueva era de mil años en la que todas las naciones adorarán a Cristo como Rey.

¿EN QUÉ SE BASA LA PLENITUD?

¿Cómo podemos reconocer la plenitud de un tiempo? La plenitud se basa en dos eventos muy marcados: la manifestación y la cosecha. Veamos cada uno de estos elementos por separado.

LA MANIFESTACIÓN

No podemos definir la cosecha sin definir primero la manifestación. Estamos a punto de ver la mayor cosecha de almas para el reino que haya ocurrido jamás. Pero primero seremos testigos de la manifestación de promesas divinas, sueños, visiones, profecías, milagros, señales, maravillas y recursos que aún no se han cumplido para el pueblo de Dios. Recuerde que, a medida que el megaciclo de Dios culmine, habrá una confluencia de la gloria primera con la gloria postrera, en cumplimiento de Su Palabra: *"Yo daré la lluvia de vuestra tierra a su tiempo, la temprana y la tardía; y recogerás tu grano, tu vino y tu aceite"* (Deuteronomio 11:14).

LA FUERZA DE LA MANIFESTACIÓN SE BASA EN LA MADUREZ DE LOS TIEMPOS Y EL CARÁCTER DE LAS PERSONAS EN CRISTO.

LA COSECHA

La cosecha es el clímax de la acumulación espiritual, donde vemos la madurez o la plenitud del fruto. Esto ocurrirá al mismo tiempo que veamos la manifestación. Varias de las fiestas en el Antiguo Testamento ocurren alrededor de la época de la cosecha. *"Jesús les dijo* [a Sus discípulos]: *Mi comida es que haga la voluntad del que me envió, y que acabe su obra. ¿No decís vosotros: Aún faltan cuatro meses para que llegue la siega? He aquí os digo: Alzad vuestros ojos y mirad los campos, porque ya están blancos para la siega"* (Juan 4:34–35). Aquí Jesús habla de una cosecha espiritual, diciendo que el fruto ya ha madurado y se ha manifestado para el reino de Dios.

Sin embargo, es necesario entender que el fruto de la última cosecha será tanto bueno como malo. Como explico en la siguiente sección, ahora es el momento en que cosecharemos las semillas que hemos sembrado en nuestra vida. Debemos asegurarnos de que estamos bien con Dios.

Podemos ver que la cosecha de las semillas sembradas para el evangelio durante muchos años se está recogiendo y continuará recogiéndose. Según una encuesta realizada por el Centro de Investigación Pew en dieciocho países de América Latina y Puerto Rico, el número de protestantes en estas naciones ha crecido exponencialmente desde principios del siglo XX. "Casi uno de cada cinco latinoamericanos se describe ahora como protestante, y en los países encuestados la mayoría de ellos se identifican como pentecostales o pertenecientes a una denominación pentecostal... con énfasis en los 'dones del Espíritu Santo', como hablar en lenguas, y fe para sanar y profetizar".[5] En África, el cristianismo ha pasado de diez millones en 1900, a ciento cuarenta y cuatro millones en 1970, y a más de cuatrocientos millones a principios del siglo XXI. Eso es el 46% de la población.[6] ¡La cosecha está lista!

CUATRO TIPOS DE PLENITUD

Veamos ahora cuatro tipos de plenitud que experimentaremos o presenciaremos en nuestros tiempos.

---

5. David Masci, "Why Has Pentecostalism Grown So Dramatically in Latin America?" Fact Tank: News in the Numbers, Pew Research Center, November 14, 2014, https://www. pewresearch.org/fact-tank/2014/11/14/why-has-pentecostalism-grown-so-dramatically-in-latin-america/.
6. "Overview: Pentecostalism in Africa," *Spirit and Power: A 10-Country Survey of Pentecostals*, Religion & Public Life, Pew Research Center, October 5, 2006, https://www. pewforum.org/2006/10/05/overview-pentecostalism-in-africa/.

1. LA PLENITUD DEL NACIMIENTO

En un embarazo físico, la "plenitud de tiempo" que marca la madurez de la gestación es de nueve meses. Un embarazo que llega a término produce un niño completamente desarrollado. Si un bebé nace antes de ese tiempo, es considerado prematuro porque no ha completado su ciclo de crecimiento. Dependiendo de lo temprano que nazca el bebé, quizá necesite recibir algún tratamiento médico especial para que su cuerpo —incluyendo sus órganos internos— pueda seguir desarrollándose, hasta que logre funcionar satisfactoriamente por sí mismo. Sin ese tratamiento, el bebé podría morir o sufrir problemas físicos.

Del mismo modo, algunos cristianos aún no han alcanzado la madurez y pueden estar en peligro espiritual. Es como si fueran bebés prematuros y requirieran atención y cuidados especiales para crecer fuertes en su fe y en el conocimiento de Cristo. En tales casos, los líderes espirituales y otros creyentes deben orar por ellos y guiarlos hasta que Jesús sea formado en ellos. *"Hijitos míos, por quienes vuelvo a sufrir dolores de parto, hasta que Cristo sea formado en vosotros"* (Gálatas 4:19). Es especialmente vital en estos últimos días que los creyentes desarrollen madurez espiritual para que puedan mantenerse fuertes durante la intensa persecución y otros ataques del enemigo.

Hoy en día, Dios está en el proceso de dar a luz algo nuevo para el mundo porque el tiempo de gestación de nuestra era actual está concluyendo. Cuando Jesús murió en la cruz y resucitó, cumplió con todo lo que vino a realizar a la tierra durante ese período. Luego, en Pentecostés, Jesús dio a luz la iglesia, la cual manifestaría Su nuevo pacto en el mundo. Ahora, nos estamos acercando a la plenitud de todos los asuntos concernientes a la segunda venida de Cristo para que los propósitos últimos de Dios puedan nacer.

2. LA PLENITUD DEL CARÁCTER

La plenitud del carácter es el aspecto del megaciclo de Dios en el cual Él lleva al cuerpo de Cristo a la madurez. *"Y él mismo constituyó a unos, apóstoles; a otros, profetas; a otros, evangelistas; a otros, pastores y maestros, a fin de perfeccionar a los santos para la obra del ministerio, para la edificación del cuerpo de Cristo"* (Efesios 4:11–12).

La plenitud de nuestros tiempos está representada por dos "vasos", uno de iniquidad y otro de misericordia. Cuando el vaso de iniquidad se llene, la ira de Dios se desatará sobre el mundo. Sólo aquellos que hayan contribuido a llenar la copa de misericordia serán salvados.

En ese momento, veremos el carácter de las personas manifestado en su plenitud ante nuestros ojos, aunque su carácter sea bueno o malo. En el lado bueno, veremos el carácter de Cristo llegar a la plenitud en los creyentes. Del lado malo, veremos la iniquidad alcanzar su máxima expresión entre las personas del mundo; en otras palabras, los hombres malos se volverán peores. *"El que es injusto, sea injusto todavía; y el que es inmundo, sea inmundo todavía; y el que es justo, practique la justicia todavía; y el que es santo, santifíquese todavía"* (Apocalipsis 22:11).

El aumento de la maldad en nuestro mundo es obvio. Un informe de las Naciones Unidas afirma que la violencia se ha intensificado, y que los conflictos armados se han vuelto más letales. Sin embargo, el crimen sigue matando más personas que los conflictos armados y el terrorismo combinados. En 2017, mientras que los conflictos armados cobraron 89,000 vidas y el terrorismo 26,000, el crimen reinó de manera suprema, cobrando un total de 464,000 vidas.[7]

Por lo tanto, estamos viviendo tiempos peligrosos en los que veremos de primera mano la corrupción del carácter de las personas. Una vez más, todo lo que está corrupto y malvado se volverá aún peor. Pablo advirtió a su discípulo Timoteo,

También debes saber esto: que en los postreros días vendrán tiempos peligrosos. Porque habrá hombres amadores de sí mismos, avaros, vanagloriosos, soberbios, blasfemos, desobedientes a los padres, ingratos, impíos, sin afecto natural, implacables, calumniadores, intemperantes, crueles, aborrecedores de lo bueno, traidores, impetuosos,

---

7. Joanne Lu, "Countries with the Highest Murder Rates, Ranked in a New UN Report," *UN Dispatch,* July 12, 2019, https://www.undispatch.com/countries-with-the-highest-murder-rates-ranked-in-a-new-un-report/.

infatuados, amadores de los deleites más que de Dios, que tendrán apariencia de piedad, pero negarán la eficacia de ella; a éstos evita.

(2 Timoteo 3:1–5)

Una vez más, les advierto que podemos esperar la progresión de lo que hoy en día somos, sea bueno o malo. Si alguien está haciendo mal ante los ojos de Dios y continúa rebelándose contra Él, negándose a arrepentirse y cambiar, empeorará. Si está en rebelión es porque no escucha a Dios; su corazón se ha endurecido y ya no cede a la convicción del Espíritu Santo. Sin embargo, el Señor sigue trabajando en el carácter de Su novia remanente para hacerla *"santa y sin mancha"*:

Para santificarla, habiéndola purificado en el lavamiento del agua por la palabra, a fin de presentársela a sí mismo, una iglesia gloriosa, que no tuviese mancha ni arruga ni cosa semejante, sino que fuese santa y sin mancha. (Efesios 5:26–27)

Tanto la iglesia como los creyentes experimentarán una limpieza espiritual a fin de edificar su carácter y permitirles llegar a la madurez espiritual. ¿Se rendirá usted hoy al Espíritu Santo y le permitirá que lo purifique?

3. LA PLENITUD DEL TIEMPO

Como he señalado, la "plenitud de los tiempos" se refiere a la reunión o culminación de todas las cosas en Cristo: *"De reunir todas las cosas en Cristo, en la dispensación [de la plenitud de los tiempos], así las que están en los cielos, como las que están en la tierra"* (Efesios 1:10). Igualmente, en la plenitud de los tiempos que vivimos, veremos la manifestación de la madurez de nuestro carácter, la unción, la fe, el poder y el ministerio, los cuales se han ido acumulando. La plenitud está precedida por el proceso de desarrollo del carácter, el cual nos sostiene y nos lleva a ser parte del remanente de Dios durante la manifestación y la cosecha.

Las señales que marcan la plenitud de nuestros tiempos incluyen la luna de sangre y la culminación de la fiesta de Pentecostés, que marca también la culminación de la era de la iglesia. Examinemos primero la señal de la luna de sangre.

LA SEÑAL DE LA LUNA DE SANGRE

Y daré prodigios arriba en el cielo, y señales abajo en la tierra, sangre y fuego y vapor de humo; el sol se convertirá en tinieblas, y la luna en sangre, antes que venga el día del Señor, grande y manifiesto.

(Hechos 2:19–20)

La luna de sangre no sólo representa una plenitud de tiempo, sino que también indica el fin de una era al señalar la aparición del Señor en el rapto. En los últimos dos mil años, ha habido cincuenta y seis tétradas de lunas de sangre, ocho de ellas ocurriendo durante las fiestas del Señor.[8] ¿Qué es exactamente una tétrada? Este término generalmente se refiere a un grupo de cuatro cosas. En este caso, se usa para designar cuatro eclipses lunares totales en dos años consecutivos, sin eclipses lunares parciales entre ellos.[9] Por ejemplo, hubo una luna de sangre el 15 de abril de 2014, durante la fiesta de la Pascua. Hubo otra el 8 de octubre del mismo año durante la fiesta de los tabernáculos. Dos lunas de sangre más ocurrieron en el año 2015, el 4 de abril durante la Pascua y el 28 de septiembre durante los Tabernáculos.[10]

Esas cuatro lunas de sangre representan los cuatro extremos de la tierra. Su aparición nos dice que una calamidad de proporciones globales está a punto de ocurrir. De hecho, ya ha comenzado. El mundo entero enfrentará terribles desafíos: economías en crisis, desastres naturales, violentas confrontaciones , emergencias de salud y muertes masivas. No serán sólo algunas naciones las que lucharán contra estas condiciones

---

8. John Henry, "Eight Tetrads Since the Day of Christ Falling on the First and Last of the Seven Feasts of the Lord," Landmark Bible Baptist Net, April 15, 2014, http://prophecy.landmarkbiblebaptist.net/Signs/8Tetrads.html.

9. Aparna Kher, "What Is a Blood Moon?" Time and Date AS, https://www.timeanddate.com/eclipse/blood-moon.html, and Bruce McClure and Deborah Byrd, "What's a Blood Moon?" EarthSky, July 15, 2019, https://earthsky.org/human-world/what-is-a-blood-moon-lunar-eclipses-2014-2015.

10. McClure and Byrd, "What's a Blood Moon?"

angustiosas. Todas las naciones enfrentarán tales emergencias a gran escala. Debido a la conexión global, muchos de esos problemas afectarán a múltiples naciones, incluso a toda la tierra. Como mencioné antes, ningún líder o gobierno será capaz de encontrar soluciones a estas situaciones sin precedentes.

En los últimos setenta años, ha habido cinco tétradas de luna de sangre,[11] aunque sólo tres han ocurrido durante las fiestas. El fenómeno en el que una luna de sangre coincide con una fiesta no volverá a ocurrir hasta dentro de 549 años.[12] Sin embargo, debemos recordar que los eventos sobrenaturales ocurrirán incluso fuera de las fiestas.

La mayoría de científicos considera que las lunas de sangre son fenómenos meramente naturales. Sin embargo, en nuestros días, hay más que eso. Por primera vez en más de dos mil años, los calendarios hebreo y gregoriano —el espiritual y el natural— se han alineado. La más reciente tétrada de luna de sangre (en 2015) cayó en la Pascua y la fiesta de los Tabernáculos. Esta señal indica que estamos entrando en la última parte de la temporada antes de la segunda venida. Es la confirmación de Dios sobre el regreso de Jesús. Los científicos pueden decirnos qué es una luna de sangre, pero no saben a qué apunta. El Espíritu Santo es el único que puede revelar e interpretar esta señal.

> **LA LUNA DE SANGRE ES UNA SEÑAL QUE APUNTA AL FINAL DE UNA ERA, A LA PLENITUD DE UN TIEMPO Y LA VENIDA DEL SEÑOR.**

11. "Lunar Eclipses: 1901 to 2000," NASA Eclipse Web Site, https://eclipse.gsfc.nasa.gov/LEcat5/LE1901-2000.html, and "Lunar Eclipses: 2001 to 2100," NASA Eclipse Web Site, https://eclipse.gsfc.nasa.gov/LEcat5/LE2001-2100.html.
12. Henry, "Eight Tetrads Since the Day of Christ."

LA SEÑAL DE LA FIESTA DE PENTECOSTÉS

Otra señal de plenitud en nuestros tiempos es la culminación de la fiesta de Pentecostés, también conocida como la fiesta de la cosecha. De nuevo, esta fiesta representa la era del Espíritu Santo, de su derramamiento y unción sobre la tierra. El libro de los Hechos nos ofrece este relato de la venida del Espíritu:

Cuando llegó el día de Pentecostés, [los seguidores de Jesús] estaban todos unánimes juntos. Y de repente vino del cielo un estruendo como de un viento recio que soplaba, el cual llenó toda la casa donde estaban sentados; y se les aparecieron lenguas repartidas, como de fuego, asentándose sobre cada uno de ellos. Y fueron todos llenos del Espíritu Santo, y comenzaron a hablar en otras lenguas, según el Espíritu les daba que hablasen. (Hechos 2:1–4)

Así comenzó la era de la iglesia. En el momento que el Espíritu llegó, se inició la fiesta espiritual de Pentecostés. Como mencioné anteriormente, esta fiesta continúa hasta el día de hoy. Ahora estamos en la última parte de ella. La fiesta judía de Pentecostés se celebra durante un período de dos días. En relación con la era de la iglesia, este período significa dos mil años. Tengan en cuenta que, para el Señor, un día equivale a mil años: *"Mas, oh amados, no ignoréis esto: que para con el Señor un día es como mil años, y mil años como un día"* (2 Pedro 3:8).

Han pasado más de dos mil años desde que Jesús nació, pero han pasado menos de dos mil años desde que comenzó la fiesta espiritual de Pentecostés. Según el calendario de Dios, Cristo volverá al final de la fiesta de Pentecostés, o después de dos mil años. *"Nos dará vida después de dos días; en el tercer día nos resucitará, y viviremos delante de él"* (Oseas 6:2).

La mayoría de eruditos ahora estiman que Jesús nació en el año 4 AC. Dicen que hubo un error en el cálculo original de los años que determinan la fecha de nacimiento de Cristo, los cuales delinean cuándo termina el "AC" y comienza el "DC". Jesús murió y resucitó a la edad de treinta y tres años. Usando el cálculo original, el año de la resurrección de Jesús habría sido el año 33 DC. En ese caso, sólo han pasado 1,987 años. Si usamos el cálculo revisado, que se ajusta en cuatro años, han pasado 1,991 años. De cualquier manera, aún no hemos alcanzado la marca de dos mil años para el final de la fiesta de la Pascua.

Como expliqué en el capítulo 1, a lo largo de los siglos, el enemigo ha trabajado de varias maneras para evitar que el pueblo de Dios reconozca sus temporadas espirituales alterando el calendario con el que la humanidad mide el tiempo. La Biblia es clara en cuanto a que nadie sabe el día o la hora del regreso de Cristo. Jesús dijo: *"Pero del día y la hora nadie sabe, ni aun los ángeles de los cielos, sino sólo mi Padre"* (Mateo 24:36). Sin embargo, esto no significa que no podamos reconocer la temporada en la que Él regresará. Una vez más, las fiestas marcan las temporadas de Dios. Pablo escribió, *"Pero acerca de los tiempos y de las ocasiones, no tenéis necesidad, hermanos, de que yo os escriba. Porque vosotros sabéis perfectamente que el día del Señor vendrá así como ladrón en la noche"* (1 Tesalonicenses 5:1–2).

Por lo tanto, cualquiera que les diga que sabe el día y la hora exactos en que Jesús regresará, está en grave error o está mintiendo. Sin embargo, podemos familiarizarnos con el ciclo, los tiempos y la temporada en la que ocurrirá Su venida. Creo que todos los indicios están aquí. Por lo tanto, debemos permanecer a la expectativa del más grande derramamiento del Espíritu Santo, milagros, señales y maravillas que la tierra haya visto jamás. También debemos estar atentos a lo que sucede con respecto a Israel, la iglesia y el mundo. En cada uno de estos grupos, los eventos se acumularán, llevando a la manifestación de la gloria de Dios.

Puedo decir con gran certeza, basándome en la Palabra de Dios, el Espíritu Santo y las fiestas, que somos la generación que verá el regreso del Señor. ¿Por qué? Porque, aunque hay algunas profecías bíblicas importantes que aún no se han cumplido, la mayoría de las profecías y señales ya se cumplieron. Cristo puede aparecer esta misma década o al comienzo de la próxima. Su venida es inminente. ¿Está preparado? ¿Formas parte del remanente, la novia de Cristo? *"El que da testimonio de estas cosas dice: Ciertamente vengo en breve. Amén; sí, ven, Señor Jesús"* (Apocalipsis 22:20).

4. LA PLENITUD DE LA COSECHA

A medida que la plenitud de los tiempos se desenvuelve, veremos dos cosechas separadas: la cosecha de misericordia hacia la iglesia y la cosecha de juicio hacia el mundo.

> *Miré, y he aquí una nube blanca; y sobre la nube uno sentado seme-jante al Hijo del Hombre, que tenía en la cabeza una corona de oro, y en la mano una hoz aguda. Y del templo salió otro ángel, clamando a gran voz al que estaba sentado sobre la nube: Mete tu hoz, y siega; porque la hora de segar ha llegado, pues la mies de la tierra está madura. Y el que estaba sentado sobre la nube metió su hoz en la tierra, y la tierra fue segada.* (Apocalipsis 14:14–16)

Resumiendo, este es el orden en el que se producirá la plenitud de la cosecha:

Primero, la lluvia temprana y la tardía se juntarán con el derrama-miento del Espíritu Santo.

> *Si obedeciereis cuidadosamente a mis mandamientos que yo os pres-cribo hoy, amando a Jehová vuestro Dios, y sirviéndole con todo vuestro corazón, y con toda vuestra alma, yo daré la lluvia de vues-tra tierra a su tiempo, la temprana y la tardía; y recogerás tu grano, tu vino y tu aceite.* (Deuteronomio 11:13–14)

Segundo, se recogerá la cosecha de almas.

Después de esto, el Señor aparecerá en el rapto para llevarse a Su novia. En la tierra, este evento será seguido por la angustia de la gran tri-bulación. El juicio final del mundo vendrá después del período milenario.

NUESTRO MAYOR PROPÓSITO

Como indiqué al principio de este capítulo, el rey Salomón parecía no haber tenido ninguna revelación de la primera venida de Jesús y Su sacrificio en la cruz. Incluso con toda su sabiduría, no pudo discernir lo que su padre, David, había recibido por inspiración del Espíritu Santo. Las experiencias de Salomón lo llevaron a creer que la vida se compone de altibajos fortuitos. No entendió que hay temporadas divinas que afectan los asuntos de la humanidad y dirigen la vida de los individuos que viven de acuerdo a la voluntad de Dios.

Cuando Jesús vino, restauró nuestra comprensión de los ciclos, tiempos y temporadas espirituales. Nos realineó con la voluntad de Dios y nos dio vista espiritual para discernir la plenitud de los tiempos. Tenemos la firme esperanza de que incluso las situaciones negativas a las que nos enfrentamos pueden convertirse en buenas por obra del Espíritu Santo en nuestra vida. (Vea Romanos 8:28). No solo vivimos por ciclos y tiempos naturales, sino también por temporadas espirituales que nos llevan a cumplir con los propósitos que Dios nos ha dado en la tierra. Y el gran propósito que todos compartimos es preparar el camino para la venida del Señor.

¡Estamos muy cerca de este evento! No podemos permanecer espiritualmente dormidos. Permítanme repetir: debemos velar y orar, estando en comunión con el Espíritu Santo para poder ser parte del remanente que clama: "¡Ven, Señor Jesús!"

RESUMEN

- Estamos viviendo una plenitud de tiempo en la que todo se está alineando para la inminente segunda venida de Cristo.

- Un ciclo es un período de tiempo que tiene un punto de inicio y un punto final.

- Una temporada es un período de tiempo marcado por favor sobrenatural.

- El tiempo, tal como lo conocemos, con las limitaciones que nos impone, es un aspecto de la caída y es parte de las consecuencias del pecado de la humanidad en el jardín del Edén.

- La plenitud de los tiempos mencionada en Efesios 1 se refiere al final de un período ordenado de tiempo o ciclo establecido por Dios.

- La plenitud de los tiempos no se alcanza por medio de nuestra fe; es un acto soberano de culminación efectuado por Dios.

- La plenitud de nuestros tiempos se manifestará al completarse el megaciclo de Dios, donde habrá una convergencia de la gloria primera con la gloria postrera, lo natural con lo espiritual.

- Hay una diferencia entre la plenitud de los tiempos y el fin de una era. La plenitud de los tiempos es la finalización de *todas* las cosas, mientras que el fin de una era es la culminación de un aspecto de los propósitos de Dios.

- La segunda venida de Cristo, al comienzo de la era milenaria, corresponde a la plenitud de una era o de un tiempo, pero no de *todos* los tiempos.

- La plenitud se basa en dos eventos muy marcados: la manifestación y la cosecha. La manifestación de las promesas de Dios irá acompañada de la cosecha —el clímax de la acumulación espiritual— donde veremos la madurez o la plenitud del fruto.

- Hay cuatro tipos de plenitud: plenitud de nacimiento, plenitud de carácter, plenitud de tiempo y plenitud de cosecha.

+ Las señales que marcan la plenitud de nuestros tiempos incluyen la aparición de lunas de sangre en las fiestas y el fin de la fiesta espiritual de Pentecostés.

+ Nadie sabe el día o la hora en que Cristo vendrá, pero podemos llegar a familiarizarnos con el ciclo, los tiempos y la temporada en la que Su venida ocurrirá.

+ ¡Somos la generación que verá el regreso del Señor!

ACTIVACIÓN

La cosecha espiritual del fin de los tiempos está lista. Las manifestaciones de la plenitud del nacimiento, el carácter, el tiempo y la cosecha ya han comenzado. Somos parte del remanente que se reunirá con Cristo en Su aparición. Este es el final de la "era de la gracia", en la que las personas tienen la oportunidad de recibir la salvación en Jesús. Por lo tanto, hay la necesidad urgente de llamar a las naciones a Cristo antes que sea demasiado tarde. ¡Este es el momento! ¡Esta es la hora! Humillémonos ante la poderosa presencia de Dios y busquemos Su rostro. Jesucristo está a la puerta y está llamando. ¿Le responderás con un corazón rendido y humillado?

TESTIMONIOS DE SEÑALES DE LOS ÚLTIMOS TIEMPOS

AVIVAMIENTO EN MALASIA

Malasia es un país compuesto por personas de toda Asia. Es un mosaico de culturas, que reúne una amplia gama de creencias y tradiciones. El sesenta por ciento de la gente es musulmana y el nueve por ciento es cristiana. Según Voz de los Mártires, "El cristianismo no es ilegal, pero es ilegal que los malayos se conviertan al cristianismo y que los cristianos evangelicen [a los musulmanes]. Los cristianos convertidos que son capturados son confinados en 'campos de reeducación' que usan técnicas de lavado de cerebro, tortura y propaganda para forzarlos a volver al Islam".[13]

13. "Christians in Malaysia," Voice of the Martyrs, April 26, 2019, https://vom.com.au/christians-in-malaysia.

Sin embargo, en el sureste de esa nación, se está produciendo un gran avivamiento. Este avivamiento siguió a una activación espiritual realizada por el Ministerio El Rey Jesús cuando viajó a Malasia para impartir bajo la guía del Espíritu Santo. Este es el testimonio de uno de los participantes:

En el verano de 2017, en el Estadio Petaling Jaya en Kuala Lumpur, la capital de Malasia, fuimos testigos de tres días de increíbles manifestaciones del reino de Dios, incluyendo salvaciones, liberaciones, activaciones y milagros inusuales. Este gran avivamiento comenzó en realidad poco antes, cuando equipamos a dos mil pastores y líderes de todo el país durante un encuentro sobrenatural con el Apóstol Maldonado. En dos días, él y su equipo nos ayudaron a construir, restaurar y afirmar varias áreas de la iglesia en Malasia.

Todo comenzó con la restauración del poder sobrenatural de Dios. Esperábamos ver la aceleración de Su poder, el cual ayudó a romper viejas mentalidades y fortalezas mentales que la iglesia había cargado durante años. Esto permitió que la gente fuera espiritualmente activada. Líderes de todo el mundo vinieron a ver las manifestaciones del reino. Ellos tenían expectativa por ver el amor y el poder de Dios derramarse sobre la gente de Asia. Los líderes sabían que, a través de ese gran avivamiento, podían sanar a los enfermos, echar fuera demonios y traer el cielo a la vida diaria de la gente.

Muchas personas dieron testimonios del encuentro, pero recuerdo en particular el de una misionera que vivía en las montañas. Debido al agua sucia de un río cercano, esta mujer había desarrollado una condición en la que su piel se había vuelto antinaturalmente oscura. Ella participó en el evento, y al día siguiente, comenzó a sentir mucho calor y dolores muy agudos por todo el cuerpo, pero luego su piel volvió a su color natural.

También hubo el testimonio de una mujer que había escuchado al Apóstol Maldonado declarar el poder de la resurrección mientras veía el programa de televisión de Sid Roth, *¡Es Sobrenatural!* Cuando escuchó esta declaración, sintió que tenía que aplicarla inmediatamente, así que la declaró sobre una mujer que estaba postrada en cama y a punto de morir por cáncer. Tan pronto como hizo esa declaración, la vida volvió al cuerpo de la enferma, ¡y el Señor la levantó!

En esa conferencia, el poder de Dios se manifestó tan tangiblemente en la atmósfera que hubo un despertar masivo. El amor de Dios restauró, empoderó y trajo fuego consumidor a toda la nación. El fuego del Espíritu Santo encendió una nueva pasión por Su presencia y llevó a los jóvenes a clamar por más del Dios vivo.

Estos dos días de entrenamiento prepararon la atmósfera para lo que estaba a punto de suceder en el estadio Petaling Jaya. Cerca de sesenta mil personas asistieron a las reuniones sobrenaturales durante tres días. En el transcurso de ese evento hubo diez mil salvaciones. La gente respondió al apasionado llamado del Padre, corriendo al altar para rendir sus corazones a los pies de Jesús; muchos por primera vez, otros regresando al Señor después de haber caído. Veinte mil personas fueron bautizadas en el Espíritu Santo y cuarenta mil fueron activadas en lo sobrenatural. Documentamos quinientos treinta testimonios de milagros creativos y sanidades, incluyendo los de veintiún personas que se levantaron de sus sillas de ruedas. Kuala Lumpur vio un destello de la voluntad de Dios en la tierra, tal como es en el cielo. Sí, experimentamos un renacer en Malasia, y hemos visto los efectos de ese notable encuentro sobrenatural en esta gran nación.

Debido a que algunos de estos nuevos creyentes pueden enfrentar persecución, por favor únanse a nosotros para pedirle a Dios que los proteja y que continúe el poderoso trabajo que ha comenzado en Malasia.

AVIVAMIENTO EN HONDURAS

Honduras es un país violento que necesita el poder de Dios y el amor de Jesús para transformar su cultura. Voz de los Mártires reportó que ocho pastores fueron asesinados en esa nación en la primera mitad de 2013. Aparentemente, ninguno de esos asesinatos fue resuelto. En ese momento, la tasa de asesinatos en Honduras era de 85 por cada 100,000 personas.[14] Una evaluación realizada en 2019 por una organización de derechos humanos informó que "El crimen violento es rampante en Honduras. A pesar de la tendencia a la baja de los últimos años, la tasa de asesinatos sigue siendo una de las más altas del mundo".[15]

El Apóstol Alejandro Espinoza, de Honduras, ha estado bajo la cobertura espiritual del Ministerio El Rey Jesús durante quince años. El Espíritu Santo me dio una palabra para él sobre un avivamiento que tendría lugar en su país. Los estadios se llenarían y miles de personas se salvarían. Hoy, esa palabra se está cumpliendo. Él y su esposa están viendo la mayor cosecha de almas que su nación haya tenido jamás.

Nuestro ministerio tiene su base en San Pedro Sula, en el norte de Honduras. Mi esposa y yo fuimos dentistas durante varios años. En el ejercicio de nuestra profesión nos dimos cuenta que muchos de nuestros pacientes tenían necesidades espirituales, además de las físicas. A la gente que venía a nuestra clínica les hablábamos acerca del poder de Dios para salvar, sanar y liberar. Con fe, comenzaron a poner "demanda" espiritual, o a reclamar Sus promesas. Nuestra clínica se convirtió en un altar en el que la gente era transformada por Su poder sobrenatural.

Entonces, Dios comenzó a hablarme para convertirme en pastor. Eso era lo último que yo quería, pero Dios tenía otros planes. Ahora puedo decir que Él ha sido real en nuestras vidas y muy bueno con nosotros. Sin embargo, en ese momento, la

---

14. "Honduras: Pastors' Lives Threatened," Voice of the Martyrs, July 17, 2013, https://vom.com.au/honduras-pastors-lives-threatened/.

15. "Honduras: Events of 2018," *World Report 2019*, Human Rights Watch, https://www.hrw.org/world-report/2019/country-chapters/honduras.

parte más difícil de entrar en el ministerio fue dejar nuestra clínica. Regalamos todo lo relacionado con nuestra práctica, incluyendo los instrumentos, máquinas y muebles. Nos quedamos sin nada, y tuvimos que empezar de cero. La transición fue difícil, y sufrimos tristeza y rechazo.

Viajamos al Ministerio El Rey Jesús en Miami, anhelando algo nuevo, fresco y fuerte de Dios. Cuando llegamos, Dios tocó nuestras vidas y transformó nuestros espíritus. Gracias a Él, fuimos capaces de superar la depresión, la soledad, la crítica y mucho más. En el Ministerio El Rey Jesús, encontramos paternidad, propósito, destino y el llamado para formar parte del remanente que prepara el camino para la venida de Jesucristo.

En junio de 2005, pusimos nuestra iglesia bajo la cobertura espiritual del Apóstol Guillermo Maldonado y el Ministerio El Rey Jesús, y desde entonces hemos visto un aumento en nuestro ministerio. Un claro mover de Dios comenzó hace cinco años cuando hubo una aceleración del alcance y el crecimiento del reino. En noviembre de 2016, celebramos una reunión en un gimnasio con capacidad para cinco o seis mil personas. En abril de 2017, nos trasladamos a un área abierta en Expocentro, en San Pedro Sula, donde reunimos a quince mil personas.

Luego, en una reunión dominical en junio de 2017, el Apóstol Maldonado nos impartió poder espiritual y nos activó de nuevo para caminar en lo sobrenatural. También nos dio palabra profética sobre un renacimiento que iba a ocurrir en nuestra nación. Recibimos esa palabra de Dios y la creímos. Esa fue una confirmación del movimiento que nuestro ministerio había estado experimentando y una garantía de que continuaría. En marzo de 2018, logramos llenar el Estadio General Francisco Morazán, incluyendo la zona del césped de la cancha, para un evento evangelístico al que asistieron más de veinticinco mil personas. Hemos pasado de una mentalidad religiosa a una mentalidad de reino y hemos roto las barreras culturales, mentales y financieras.

Con la aceleración vino una transición abrupta pero fuerte. Por primera vez, realizamos eventos en lugares públicos y de libre acceso. Mientras que la costumbre decía que tendríamos que cobrar una alta cuota de admisión para pagar los gastos que se requieren a fin de celebrar el evento en el estadio, Dios proveyó todo lo que necesitábamos —más de cincuenta mil dólares—. Recibimos donaciones de muchas personas que se involucraron; algunos sembraron recursos, mientras que otros prestaron servicios.

En nuestro ministerio hemos visto tres casos documentados de resurrección de muertos. Ahora contamos con veinticinco ministerios y varias otras iglesias nacionales e internacionales. Nos hemos multiplicado a través de hijos espirituales, apóstoles y profetas que tienen numerosas iglesias. Ellos también están expandiendo el reino por todo el territorio. Dios ha sido fiel en todas las áreas de nuestra vida, y podemos ver Su gloria brillando a través de nuestro ministerio.

CAPÍTULO 3

LA VERDAD SOBRE LA VENIDA DE JESÚS

Cómo podemos estar seguros de que Jesucristo realmente volverá a la tierra? Tal como escribí en el capítulo 1, hoy en día muchos predicadores niegan la realidad de la segunda venida del Señor. Por lo tanto, quiero cerciorarme que su corazón está cimentado en la verdad. En este capítulo, examinaremos de cerca los fundamentos bíblicos sobre el regreso de Jesús, las herejías principales de los últimos tiempos y los profundos efectos que produce aceptar la verdad sobre la inminente venida de Cristo.

Quiero crear tal expectativa acerca del regreso de Jesús, que eso lo impulse a prepararse. No podemos decir que creemos en Cristo, pero no en Su segunda venida. Tampoco podemos decir que creemos en Su segunda venida, pero seguimos viviendo en pecado. Por el contrario, a medida que respondemos a este mensaje crucial, nuestras vidas deben ser radicalmente transformadas. Deje que las verdades de este capítulo sean como un espejo en el cual usted pueda ver la condición real de su relación con Dios, para que pueda entrar plenamente en Su voluntad y estar listo para la venida de Su Hijo.

LA REALIDAD DE LA PRIMERA VENIDA DE JESÚS

Como Hijo de Dios, Jesús es cien por ciento hombre y cien por ciento Dios. Vino a la tierra por primera vez cuando fue concebido por el Espíritu Santo y nació de una virgen. (Vea Isaías 7:14; Lucas 1:26–38). Él proclamó el reino de Dios y murió en una cruz por nuestros pecados. Luego, resucitó y ascendió al cielo. Estos son hechos históricos que no pueden ser alterados.

Incluso gente de otras religiones reconocen la existencia de un "gran maestro" llamado Jesús quien vivió en el primer siglo, aunque no creen que Él sea Dios o que haya resucitado. La mayoría de los judíos no cree que su Mesías haya llegado todavía, ni reconoce quién realmente es Jesús para ellos. Sin embargo, los cristianos sí creen estas verdades históricas sobre Jesucristo, y esto ha cambiado sus vidas para siempre. Parte de la evidencia de la primera venida de Jesús es la realidad del nuevo nacimiento que experimentan quienes creen en Él como su Señor y Salvador.

TESTIGOS DE LA VERDAD SOBRE LA VENIDA DE CRISTO

Observamos que la mayoría de señales profetizadas con respecto a los últimos tiempos ya se cumplieron. Hoy en día, estamos viendo la manifestación de las profecías y promesas bíblicas que aún no se han cumplido. También estamos recibiendo respuestas a muchas oraciones, tanto las del pasado como las del presente. ¡Jesús regresa pronto! Esta verdad no se basa en opiniones, tradiciones o sabiduría humana, sino en lo que Dios mismo ha hablado y prometido en Su Palabra.

La Palabra de Dios es eterna, y una fuente confiable para entender el regreso de Cristo.

> *Yo testifico a todo aquel que oye las palabras de la profecía de este libro: Si alguno añadiere a estas cosas, Dios traerá sobre él las plagas que están escritas en este libro. Y si alguno quitare de las palabras*

del libro de esta profecía, Dios quitará su parte del libro de la vida,
y de la santa ciudad y de las cosas que están escritas en este libro.
(Apocalipsis 22:18–19)

LA PALABRA DE DIOS ES UNA FUENTE CONFIABLE PARA ENTENDER LA SEGUNDA VENIDA DE CRISTO.

Además de los profetas del Antiguo Testamento que proclamaron la segunda venida del Mesías, las Escrituras nos proporcionan varios otros testigos poderosos acerca de la verdad del regreso de Jesús. Una vez más, esta idea no es una teoría vacía o un cálculo humano. Se encuentra en el testimonio profético de Jesús mismo; de Sus apóstoles, que lo escucharon directamente de Él; de los ángeles de Dios; y del Espíritu Santo. Veamos las declaraciones de cada uno de estos testigos.

JESÚS MISMO

Jesús anunció Su regreso en diferentes partes de los Evangelios. (Vea, por ejemplo, Mateo 26:64; Marcos 14:62; Lucas 21:27). Él no volverá como siervo para morir por nosotros otra vez, sino que ahora vendrá como gobernante. *"Y en su vestidura y en su muslo tiene escrito este nombre: REY DE REYES Y SEÑOR DE SEÑORES"* (Apocalipsis 19:16). No dejes que nadie te engañe. Jesús confirmó que regresaría; incluso expresó este hecho en el libro de Apocalipsis cuando dijo: *"Yo soy el Alfa y la Omega, principio y fin…, el que es y que era y que ha de venir, el Todopoderoso"* (Apocalipsis 1:8).

LOS APÓSTOLES DE JESÚS

Jesús les enseñó a Sus discípulos acerca de Su segunda venida. *"Y estando él sentado en el monte de los Olivos, los discípulos se le acercaron* aparte, diciendo: Dinos, ¿cuándo serán estas cosas, y qué señal habrá de tu venida, y del fin del siglo?" (Mateo 24:3).

Más tarde, los apóstoles, incluyendo a Pablo, instruyeron a la iglesia sobre el regreso de Cristo. (Vea, por ejemplo, 1 Tesalonicenses 5:23; 2 Timoteo 4:1–2; Hebreos 10:25; Santiago 5:7–9; 1 Pedro 1:13; 1 Juan 3:2; Judas 1:14). De hecho, ellos creían que Él volvería en sus días:

> Por lo cual os decimos esto en palabra del Señor: que nosotros que vivimos, que habremos quedado hasta la venida del Señor, no precederemos a los que durmieron. Porque el Señor mismo con voz de mando, con voz de arcángel, y con trompeta de Dios, descenderá del cielo; y los muertos en Cristo resucitarán primero. Luego nosotros los que vivimos, los que hayamos quedado, seremos arrebatados juntamente con ellos en las nubes para recibir al Señor en el aire, y así estaremos siempre con el Señor.   (1 Tesalonicenses 4:15–17)

Tengamos en cuenta que aquellos que murieron en Cristo se levantarán primero, seguidos por aquellos que todavía estemos vivos. Seremos transformados en un instante.

> He aquí, os digo un misterio: No todos dormiremos; pero todos seremos transformados, en un momento, en un abrir y cerrar de ojos, a la final trompeta; porque se tocará la trompeta, y los muertos serán resucitados incorruptibles, y nosotros seremos transformados.
>   (1 Corintios 15:51–52)

LOS ÁNGELES DE DIOS

> Y habiendo dicho estas cosas, viéndolo ellos, fue alzado, y le recibió una nube que le ocultó de sus ojos. Y estando ellos con los ojos puestos en el cielo, entre tanto que él se iba, he aquí se pusieron junto a ellos dos varones con vestiduras blancas, los cuales también les dijeron: Varones galileos, ¿por qué estáis mirando al cielo? Este mismo Jesús, que ha sido tomado de vosotros al cielo, así vendrá como le habéis visto ir al cielo.   (Hechos 1:9–11)

Estos "hombres" con vestiduras blancas eran ángeles. Ellos les testificaron a los discípulos que la partida de Jesús confirmaba Su promesa de regresar. La forma como se fue anticipó la forma como regresará. Jesús ascendió a los cielos, y volverá por el camino de los cielos.

Asimismo, el ángel que habló con Juan cuando el apóstol recibió la visión del Apocalipsis confirmó el mensaje del evangelio, que incluye la segunda venida de Jesús. Juan escribió, *"Yo me postré a sus pies para adorarle. Y él me dijo: Mira, no lo hagas; yo soy consiervo tuyo, y de tus hermanos que retienen el testimonio de Jesús. Adora a Dios; porque el testimonio de Jesús es el espíritu de la profecía"* (Apocalipsis 19:10).

EL ESPÍRITU SANTO

"Y el Espíritu y la Esposa dicen: Ven. Y el que oye, diga: Ven" (Apocalipsis 22:17). El Espíritu Santo clama en nuestros corazones, testificando el regreso de Jesús. Nosotros, que somos la novia de Cristo, clamamos que venga el Señor porque el Espíritu nos da revelación de Su inminente aparición.

Las voces de todos estos testigos nos hablan a través de las páginas de la Biblia. Por obra del Espíritu, la Escritura cobra vida en nuestros corazones. A través del testimonio de Jesucristo, de Sus apóstoles, de los ángeles de Dios y del Espíritu Santo, la Palabra de Dios nos revela que la venida de Cristo está cerca.

La Biblia usa varias frases para describir el regreso de Jesús y los eventos que lo acompañan: *"la venida del Señor"* y expresiones similares (vea, por ejemplo, Mateo 24:3; 1 Tesalonicenses 2:19; Hebreos 10:37; Santiago 5:7–8; 2 Pedro 1:16); *"arrebatados... para recibir al Señor en el aire"* (1 Tesalonicenses 4:17); *"el día grande y manifiesto del Señor"* (Hechos 2:20); *"la aparición de nuestro Señor Jesucristo"* (1 Timoteo 6:14); y *"la manifestación de los hijos de Dios"* (Romanos 8:19).

Estas descripciones bíblicas del regreso de Jesús en realidad abarcan dos eventos diferentes. Para entender la diferencia entre estos eventos necesitamos revisar cada una de las tres intervenciones directas de Jesús en la tierra descritas en las Escrituras: primero, la venida de Jesús a su templo; segundo, la aparición de Jesús; tercero, la segunda venida de Jesús. Todas estas intervenciones se mencionan en el siguiente pasaje:

> *He aquí, yo envío mi mensajero, el cual preparará el camino delante de mí; y vendrá súbitamente a su templo el Señor a quien vosotros buscáis, y el ángel del pacto, a quien deseáis vosotros. He aquí viene, ha dicho Jehová de los ejércitos. ¿Y quién podrá soportar el tiempo de su venida? ¿o quién podrá estar en pie cuando él se manifieste? Porque él es como fuego purificador, y como jabón de lavadores.*
>
> (Malaquías 3:1–2)

1. LA VENIDA DE JESÚS A SU TEMPLO

La descripción de Malaquías de la repentina venida del Señor a Su templo se refiere a la primera llegada del Mesías a la tierra como un ser humano hace más de dos mil años. Su nacimiento se celebra tradicionalmente el 25 de diciembre, aunque, basándose en evidencias bíblicas, muchos estudiosos creen que puede haber nacido en otoño, entre septiembre y octubre, mientras que otros creen que nació durante el verano.[16] Estoy de acuerdo con la primera estimación porque una fecha de otoño coincidiría con la fiesta de los tabernáculos, que representa la plenitud del tiempo. *"Pero cuando vino el cumplimiento del tiempo, Dios envió a su Hijo, nacido de mujer y nacido bajo la ley"* (Gálatas 4:4).

La generación de israelitas que vivía en el momento del nacimiento de Jesús ya tenía conocimiento previo de la venida del Mesías, y había un remanente del pueblo de Dios que estaba preparado para recibirlo. Sin embargo, la vida de Jesús sirvió de punto de partida para todos los pueblos de la tierra, y afectó el curso de la historia humana de manera incalculable.

---

16. Vea "When and Where Was Jesus Born?" Christianity.com, January 30, 2019, https://www.christianity.com/jesus/birth-of-jesus/bethlehem/when-and-where-was-jesus-born.html; Lesli White, "When Was Jesus Really Born?" Beliefnet, https://www.beliefnet.com/faiths/christianity/articles/when-was-jesus-really-born.aspx; y "When Was Jesus Really Born?" Jesus Film Project, December 21, 2017, https://www.jesusfilm.org/blog-and-stories/when-jesus-really-born.html.

2. LA APARICIÓN DE JESÚS

La segunda intervención de Jesús en la tierra será Su aparición, cuando llevará con Él al remanente de la iglesia al cielo, antes de la gran tribulación. Hay una distinción clave entre la aparición y la venida de Jesús, así que quiero asegurarme de que este punto esté claro:

+ La aparición de Jesús es sólo para Su novia, los creyentes que esperan ansiosamente Su regreso y están listos para Él.

+ La venida de Jesús tiene el propósito de juzgar al mundo; por lo tanto, está dirigida principalmente a aquellos que han permanecido en la tierra durante la tribulación.

El término más usado en los círculos cristianos para describir el evento en el que Jesús regresará por Su novia es "el rapto". Esta expresión no se encuentra en la Biblia, sino que deriva de la palabra latina, *rapio*, que significa "tomar por la fuerza, secuestrar o arrebatar en relación a un éxtasis espiritual o removerlo de un lugar a otro".[17] Este término es usado para describir cómo vendrá el Señor por Su iglesia.

La Palabra de Dios presenta dos símiles para la aparición de Jesús que nos dan un sentido de urgencia en cuanto a nuestra necesidad de estar preparados. El primer símil es un rayo: *"Porque como el relámpago que sale del oriente y se muestra hasta el occidente, así será también la venida del Hijo del Hombre"* (Mateo 24:27). Es una imagen vívida, porque el juicio es a menudo rápido y el relámpago es un fenómeno instantáneo. Jesús aparecerá de la misma manera, repentina e inesperadamente, a aquellos que no están preparados y velando.

El otro símil es el de la sigilosa vigilancia de un ladrón. *"Porque vosotros sabéis perfectamente que el día del Señor vendrá así como ladrón en la noche"* (1 Tesalonicenses 5:2). Alguien que está profundamente dormido por la noche no espera que un ladrón venga a su casa. Los ladrones a menudo eligen robar en las casas al amparo de la oscuridad porque pueden entrar y salir más fácilmente, robando objetos de valor

---

17. "Where Did the Term 'Rapture' Come From?" Bible.org, January 1, 2001, https://bible.org/question/where-did-term-8216rapture'-come.

sin que nadie se dé cuenta hasta que es demasiado tarde. Del mismo modo, aquellos que no conocen a Cristo están espiritualmente dormidos y viven en la oscuridad; por lo tanto, serán tomados por sorpresa ante Su aparición. Sin embargo, aquellos que conocen a Jesús y viven en Su luz lo esperarán. Pablo escribió, *"Mas vosotros, hermanos, no estáis en tinieblas, para que aquel día os sorprenda como ladrón. Porque todos vosotros sois hijos de luz e hijos del día; no somos de la noche ni de las tinieblas. Por tanto, no durmamos como los demás, sino velemos y seamos sobrios"* (1 Tesalonicenses 5:4–6). Asimismo, Jesús nos instó a *"velad y orad"* (Marcos 13:33; vea también Lucas 21:36).

Estas ilustraciones de la rapidez del rayo y la cautela de un ladrón envían un claro mensaje: ¡estén preparados! *"Entonces estarán dos en el campo; el uno será tomado, y el otro será dejado. Dos mujeres estarán moliendo en un molino; la una será tomada, y la otra será dejada. Velad, pues, porque no sabéis a qué hora ha de venir vuestro Señor"* (Mateo 24:40–42).

Tiene idea cómo reaccionará el mundo cuando millones de creyentes desaparezcan repentinamente de la tierra. ¡Se imagina los noticieros de 24 horas! Habrá caos en toda la tierra, con gente buscando desesperadamente a sus familiares, amigos y colegas. Un marido se despertará por la mañana para descubrir que su esposa ha desaparecido. Un piloto y un copiloto pilotarán un avión, y uno será raptado mientras el otro permanecerá. Los estudiantes estarán sentados en un auditorio de la escuela cuando, de repente, algunos de sus compañeros desaparecerán.

JESÚS APARECERÁ DE REPENTE Y DE FORMA INESPERADA A AQUELLOS QUE NO ESTÁN PREPARADOS Y VELANDO.

Como he explicado anteriormente, después de la aparición de Jesús, el mundo entrará en la gran tribulación.

Porque habrá entonces gran tribulación, cual no la ha habido desde el principio del mundo hasta ahora, ni la habrá. (Mateo 24:21)

Que cuando digan: Paz y seguridad, entonces vendrá sobre ellos destrucción repentina, como los dolores a la mujer encinta, y no escaparán. (1 Tesalonicenses 5:3)

La *"paz y seguridad"* representan la estabilidad social y económica. Habrá derrumbes financieros en la tierra, provocando que todas las monedas pierdan su valor. *"Y oí una voz de en medio de los cuatro seres vivientes, que decía: Dos libras de trigo por un denario* [aproximadamente un día de salario para un trabajador], *y seis libras de cebada por un denario; pero no dañes el aceite ni el vino"* (Apocalipsis 6:6). La economía mundial ya ha comenzado a experimentar sacudimientos. Mientras que las políticas monetarias nacionales o los bancos pueden proporcionar cierta estabilidad, no podemos confiar en ellos para nuestra provisión, especialmente en estos últimos días. Debemos confiar sólo en el Señor para que nos provea. Sólo Él es nuestra Roca. El mundo a menudo piensa que tiene todo bajo control, pero habrá devastación social y económica durante la tribulación.

En cuanto a los creyentes que permanecerán en la tierra después del rapto, porque no estaban preparados para la aparición de Jesús, ellos sabrán exactamente lo que está pasando porque habrán leído acerca de esto en la Palabra de Dios o la habrán escuchado predicar. Será horrible para ellos porque tendrán que tomar una decisión fatal: o bien aceptar la "marca de la bestia",[18] lo que significaría apostasía y condenación al infierno, o ser asesinados por proclamar el testimonio de Jesús.

Y hacía que a todos, pequeños y grandes, ricos y pobres, libres y esclavos, se les pusiese una marca en la mano derecha, o en la frente;

---

18. Esta es la marca del malvado gobernante del mundo llamado el Anticristo, que será dirigido por Satanás. "El anticristo es el 'hombre de la iniquidad', el 'hijo de la destrucción', que guiará al mundo a la rebelión contra Dios (2 Tesalonicenses 2:3–10; Apocalipsis 11:7) y engañará a las multitudes (Apocalipsis 19:20)". Vea "¿Quién es el Anticristo y cómo será su ascenso?" Herramientas para el estudio de la Biblia, September 3, 2019, https://www.biblestudytools.com/bible-study/topical-studies/the-rise-of-the-antichrist.html.

y que ninguno pudiese comprar ni vender, sino el que tuviese la marca o el nombre de la bestia, o el número de su nombre.

(Apocalipsis 13:16–17)

Y vi tronos, y se sentaron sobre ellos los que recibieron facultad de juzgar; y vi las almas de los decapitados por causa del testimonio de Jesús y por la palabra de Dios, los que no habían adorado a la bestia ni a su imagen, y que no recibieron la marca en sus frentes ni en sus manos; y vivieron y reinaron con Cristo mil años.

(Apocalipsis 20:4)

Permítanme repetir: no todos los cristianos son parte de la novia de Cristo. Sólo aquellos que han sido purificados para convertirse en el remanente y que saben discernir las señales estarán listos para irse en el rapto con Cristo en Su aparición. Jesús ordenó a Sus discípulos: *"Velad, pues, en todo tiempo orando que seáis tenidos por dignos de escapar de todas estas cosas que vendrán, y de estar en pie delante del Hijo del Hombre"* (Lucas 21:36). Estos son tiempos en los que debemos estar velando y orando por las señales de la aparición de Jesús. ¡Manténganse despiertos y alertas, porque Él puede aparecer en cualquier momento! ¿Está su corazón listo para el inminente regreso del Rey?

3. LA SEGUNDA VENIDA DE JESÚS

Cuando los siete años de tribulación hayan concluido, Jesús volverá a la tierra una vez más. Esta vez, volverá con los creyentes que fueron llevados al cielo en el rapto. La venida de Jesús será vista claramente por todas las personas en todo el mundo. Su llegada iniciará el período milenario, durante el cual Él gobernará el mundo.

Entonces aparecerá la señal del Hijo del Hombre en el cielo; y entonces lamentarán todas las tribus de la tierra, y verán al Hijo del Hombre viniendo sobre las nubes del cielo, con poder y gran gloria. Y enviará sus ángeles con gran voz de trompeta, y juntarán a sus escogidos, de los cuatro vientos, desde un extremo del cielo hasta el otro. (Mateo 24:30–31)

He aquí que viene con las nubes, y todo ojo le verá, y los que le traspasaron; y todos los linajes de la tierra harán lamentación por él. Sí, amén. (Apocalipsis 1:7)

Después del milenio vendrá la batalla de Armagedón, en la que Jesús derrotará completamente a Sus enemigos. Esto incluye a Satán, sus demonios, el Anticristo, y todos los demás seres humanos que eligieron unirse a ellos en su rebelión. Jesús arrojará a Satanás y a sus seguidores al lago de fuego. Ese también será el momento del juicio final para todas las personas. (Vea Apocalipsis 20:10–15). Entonces, Dios creará cielos nuevos y tierra nueva. El Señor reinará sobre un reino de paz, habitando para siempre con Su pueblo. (Vea Apocalipsis 21:1–3).

Para resumir, la primera intervención de Jesús en la tierra fue Su encarnación como ser humano hace más de dos mil años, cuando murió en la cruz, pagó por nuestros pecados, resucitó para nuestra salvación y ascendió al cielo. Su segunda intervención será Su aparición, cuando se llevará a Su novia, o al remanente de creyentes que están velando y orando, se han alejado del pecado y preparan el camino para Su regreso. Su tercera intervención, después de la gran tribulación, será Su venida para gobernar al mundo durante el milenio. Después de esto, derrotará a Satanás y administrará el juicio final.

Tenemos que tomar una decisión. ¿Nos encontraremos con Cristo en el aire en Su aparición, o nos quedaremos en la tierra durante la tribulación y anhelaremos desesperadamente Su segunda venida?

SU APARICIÓN ES POR LA NOVIA. SU VENIDA ES PARA JUZGAR AL MUNDO.

HEREJÍAS DE LOS ÚLTIMOS TIEMPOS

Como mencioné anteriormente, la segunda venida de Jesús ocurrirá en la plenitud de una era ordenada por Dios que se está acercando a su cúspide. Todo se está alineando para Su inminente regreso, el cual marcará el comienzo del milenio y pondrá en marcha la culminación de todas las cosas. "[Jesús] *dándonos a conocer el misterio de su voluntad* [la de Dios], *según su beneplácito, el cual se había propuesto en sí mismo, de reunir todas las cosas en Cristo, en la dispensación* [de la plenitud de los tiempos], *así las que están en los cielos, como las que están en la tierra*" (Efesios 1:9–10). El diablo odia este mensaje. Su mayor temor es saber que será completamente derrotado y enviado al castigo eterno cuando la plenitud de los tiempos llegue a su clímax.

¡El enemigo sabe que se le está acabando el tiempo! Está corriendo contra la plenitud de los tiempos a fin de retrasar su propia destrucción. Al reconocer que estamos en la antesala de la venida de Jesús, levanta argumentos contra el conocimiento de Dios con el fin de evitar que el remanente se reúna y cumpla su propósito. Asimismo, diseña estrategias engañosas para no permitir que los creyentes mantengan una fe pura.

Pedro declaró: "*En los postreros días vendrán burladores, andando según sus propias concupiscencias, y diciendo: ¿Dónde está la promesa de su advenimiento? Porque desde el día en que los padres durmieron, todas las cosas permanecen, así como desde el principio de la creación*" (2 Pedro 3:3–4). ¿Le suena familiar este argumento? ¿Conoce gente que hace burla acerca de la venida de Jesús o que dice que no tiene fundamento?

La afirmación de que Jesús no volverá es una de las grandes herejías de los últimos tiempos. Una herejía es una perversión de la verdad que hace que la gente se aleje de su fe en Cristo. Una versión de esta herejía es la teología de "el reino es ahora". De acuerdo con sus adherentes, Jesús ya trajo Su reino a la tierra, por lo que actualmente estamos viviendo en el período milenario, y Él no necesita regresar. Esta idea va en contra de las Escrituras proféticas, incluyendo las propias declaraciones de Jesús sobre Su venida.

Otra peligrosa herejía de los últimos tiempos es la de la "súper gracia". Se basa en la creencia de que "una vez salvos, siempre salvos". Desde ese punto de vista, no hay posibilidad de que nos alejemos de Cristo, incluso si abrazamos un estilo de vida pecaminoso. En otras palabras, no importa cómo nos comportemos, tenemos asegurado el acceso al cielo y seremos arrebatados en la aparición de Jesús. Esta mentira del enemigo hace que algunos cristianos crean que, porque supuestamente no pueden perder su salvación, no hay consecuencias por seguir viviendo en pecado. Como resultado, no prestan atención a la vida santa ni a la santificación. *"Sino, como aquel que os llamó es santo, sed también vosotros santos en toda vuestra manera de vivir; porque escrito está: Sed santos, porque yo soy santo"* (1 Pedro 1:15–16).

Es obvio que la profecía de Pedro sobre los burladores en los últimos días se ha cumplido. Aquellos que niegan la venida de Cristo y conducen al pueblo de Dios por el mal camino han perdido su sensibilidad al Espíritu Santo, quien constantemente testifica la cercanía del regreso del Señor. Para que alguien sea engañado, primero debe ser insensible a las cosas de Dios; debe llegar a un punto en el que deja de creer que Su Palabra es verdadera. Entonces, comienza a satisfacer los deseos de la carne, hasta que renuncia a la verdad y se aparta por completo de su fe en Cristo.

No se equivoquen: las falsas enseñanzas y herejías acerca de los últimos tiempos pueden hacer que la gente pierda la fe en Cristo y caiga en pecado. Si asiste a una iglesia que niega la segunda venida, debe huir de ella porque está en error. ¡Incluso sin darse cuenta está siendo engañado! Usted debe proteger su posición en Cristo.

Podría enumerar muchas otras teologías, doctrinas y enseñanzas falsas que están llevando a multitudes al infierno en estos últimos días. No importa cómo el diablo trate de disfrazar su engaño, el propósito final es el mismo: hacer que Dios parezca un mentiroso para que los seres humanos se alejen de Él. ¿Creerán a los testigos bíblicos, que afirman que Jesús volverá? ¿O escucharán las falsas voces del mundo y del diablo, que afirman que Jesús no regresará?

Sólo un corazón malvado o lleno de miedo no quiere que Jesús regrese. Para que un corazón que una vez creyó en Cristo se vuelva malo, debe haber admitido el engaño y el pecado en su vida. ¿Dónde se encuentra espiritualmente, hoy en día? Si ha sido negligente en su relación con Dios, asumiendo que no hay nada que mejorar, arrepiéntase inmediatamente y comience a vivir de acuerdo a Su verdad y justicia.

Si tiene un espíritu de miedo con respecto a la venida de Cristo, ese espíritu no es de Dios. *"En el amor no hay temor, sino que el perfecto amor echa fuera el temor"* (1 Juan 4:18). Arrepiéntase y pídale a Dios que lo libere de ese espíritu de miedo y que establezca en usted Su perfecto amor. *"Así también Cristo fue ofrecido una sola vez para llevar los pecados de muchos; y aparecerá por segunda vez, sin relación con el pecado, para salvar a los que le esperan"* (Hebreos 9:28).

EFECTOS PROFUNDOS DE CREER LA VERDAD

Cuando creemos en la Palabra de Dios y recibimos la verdad sobre la venida de Cristo, eso impacta dramáticamente nuestras vidas de las formas siguientes:

DESPIERTA LA EXPECTATIVA EN NOSOTROS

Primero, continuamente anticiparemos Su aparición y actuaremos en consecuencia. Si en verdad creemos que Jesús volverá, nos dedicaremos a buscar a Dios, orar, adorar y evangelizar. Saber que Jesús regresará nos da una sensación de inmediatez que no nos deja estar espiritualmente dormidos, sino que nos mantiene vigilantes. De nuevo, no podemos creer en la segunda venida y seguir viviendo en pecado. Si lo hacemos, es que aún no hemos recibido la revelación de la verdad.

Muchos creyentes que forman parte de la novia remanente, y que viven en zonas del mundo donde hay mucha persecución contra los cristianos, sienten la urgencia de predicar el evangelio. Entre otros numerosos casos, en Bután, un país budista situado al extremo oriental del Himalaya, dos pastores fueron encarcelados en 2014 por predicar el Evangelio. Afortunadamente, fueron liberados más tarde.[19] En Indonesia, el hogar de dos hermanos cristianos fue atacado por una turba de casi doscientos musulmanes quienes estaban furiosos porque ellos ayudaron a convertir a Cristo a más de cien musulmanes de la zona. Los hermanos fueron arrestados y sentenciados a tres años de cárcel, donde fueron golpeados por sus compañeros de prisión.[20]

Hay innumerables historias similares de sacrificio por causa del evangelio. ¿Y tú? ¿Le contarás a los demás acerca del inminente regreso de Cristo y la salvación que nos ofrece?

GENERA UNA ESPERANZA QUE NOS PURIFICA Y PREPARA

Sabemos que cuando él se manifieste, seremos semejantes a él, porque le veremos tal como él es. Y todo aquel que tiene esta esperanza en él, se purifica a sí mismo, así como él es puro. (1 Juan 3:2–3)

Muchas naciones, incluida América, tienen una gran necesidad de purificación y renovación. Un informe del Grupo Barna afirma que los americanos viven en una cultura popular cada vez más "pornográfica". Uno de los resultados es que los jóvenes tienen una actitud relajada al ver o hablar acerca de pornografía.[21] Si hay una generación que necesita purificar su corazón, es la actual.

Además, en nuestra cultura, las conductas pecaminosas han sido legalizadas. Este estado de cosas ha llevado a la iniquidad e injusticia generalizada. El diablo está intentando hacer que el mismo infierno sea legal en la tierra. Pero no debemos dejarnos atrapar por sus engaños. Si usted tiene la convicción de que el Señor regresará y desea ser parte del remanente que está listo para recibirlo, debe dejar que el Espíritu Santo

---

19. "Bhutan: Pastor Imprisoned for Evangelism Released," Voice of the Martyrs, February 19, 2015, https://vom.com.au/bhutan-pastor-imprisoned-for-evangelism-released.

20. "Indonesia: Update – Two Indonesian Christians Sentenced to Three Years Behind Bars for Evangelism," October 9, 2013, Voice of the Martyrs, https://vom.com.au/indonesia-update-two-indonesian-christians-sentenced-to-three-years-behind-bars-for-evangelism.

21. "Teens & Young Adults Use Porn More Than Anyone Else," Barna Group, January 28, 2016, www.barna.com/research/teens-young-adults-use-porn-more-than-anyone-else.

purifique continuamente su corazón y su mente, y lo limpie de toda contaminación e impureza.

> *Porque la gracia de Dios se ha manifestado para salvación a todos los hombres, enseñándonos que, renunciando a la impiedad y a los deseos mundanos, vivamos en este siglo sobria, justa y piadosamente, aguardando la esperanza bienaventurada y la manifestación gloriosa de nuestro gran Dios y Salvador Jesucristo.*
>
> (Tito 2:11–13)

REAVIVA EL FUEGO DE NUESTRO PRIMER AMOR

Como mencioné anteriormente, los cristianos en países hostiles al evangelio comparten su fe con un sentido de urgencia y gran coraje. Sin embargo, en países más favorables al evangelio muchos cristianos se han enfriado espiritualmente. Volvamos a dar un vistazo a la actual generación de jóvenes en América. Según un estudio de Barna realizado durante diez años entre jóvenes de 18 y 29 años, de origen cristiano, el 22 por ciento resultaron ser como el hijo "pródigo" o excristianos; el 30% "nómadas" o cristianos no practicantes; el 38% dijeron ser "asiduos a la iglesia", pero sin las creencias fundamentales ni el comportamiento correspondiente; y sólo el 10% son "discípulos firmes" comprometidos con Jesús.[22]

Los creyentes de todas las edades necesitan urgentemente volver a ver a Jesús como su *"primer amor"* (Apocalipsis 2:4), con los corazones encendidos por el fuego del Espíritu Santo. Cuando el Señor reenciende nuestros corazones, volvemos a la misma pasión que teníamos por Jesús cuando fuimos salvados por primera vez. Esa pasión necesaria y vital vendrá cuando se nos revele la verdad acerca de la inminente venida de Cristo. ¡Un porcentaje alto de cristianos están espiritualmente dormidos y deben ser despertados para unirse al remanente que prepara el camino del Señor!

---

22. "Only 10% of Christian Twentysomethings Have Resilient Faith," Barna Group, September 24, 2019, https://www.barna.com/research/of-the-four-exile-groups-only-10-are-resilient-disciples.

TRAE EL TEMOR DE DIOS

"*El temor de Jehová es aborrecer el mal; la soberbia y la arrogancia, el mal camino, y la boca perversa, aborrezco*" (Proverbios 8:13). En gran parte de la iglesia, se ha perdido el genuino temor de Dios, un profundo sentido de respeto y reverencia hacia Él. En consecuencia, la resistencia de muchos creyentes contra la tentación y el mal se ha diluido. Una gran cantidad de cristianos consideran ahora que el pecado es aceptable, por lo que toleran las maldades que una vez odiaron. Cuando a "*lo malo* [le] *dicen bueno, y a lo bueno malo*" (Isaías 5:20), al final nos volvemos insensibles al pecado. Buscamos excusas para satisfacer nuestros deseos carnales y no vemos las peligrosas consecuencias de comprometer la verdad. Recuerde, hay personas que viven un estilo de vida pecaminoso que todavía creen que Jesús las llevará al cielo en el rapto. ¡Están engañadas! El conocimiento de la verdad sobre el regreso de Jesús restaurará el temor de Dios en los corazones de las personas y las llevará a rechazar el pecado, a arrepentirse y ser restauradas en su relación con el Señor. Entonces, llamarán a lo malo lo que realmente es: maldad. Y sus vidas manifestarán la justicia, la paz y la alegría del reino de Dios.

PROTEGE NUESTROS CORAZONES POR SU APARICIÓN

Cuando nuestros corazones se establezcan en la verdad de Dios a través de la revelación de la venida de Jesús, no seremos engañados por falsas teologías y herejías de los últimos tiempos. "*Y el mismo Dios de paz os santifique por completo; y todo vuestro ser, espíritu, alma y cuerpo, sea guardado irreprensible para la venida de nuestro Señor Jesucristo*" (1 Tesalonicenses 5:23).

¿Cree usted en el regreso de Cristo? ¿Está preparado para ese acontecimiento sin precedentes e inminente? La gente que cree en Su regreso no es casual en cuanto a su fe. ¡Están en fuego por Dios! Quieren servirle de todo corazón. Quieren adorarlo junto a otros creyentes. Si todos creyeran que Jesús regresará pronto, no habría ni un solo asiento vacío en las iglesias, y todos los servicios de oración estarían llenos. Cada cristiano debe estar comprometido con Jesús, y toda la iglesia necesita salir a evangelizar como si el mañana no existiera. Debemos estar ocupados en los negocios de nuestro Padre. Es el momento de decirle sí a Dios. Es el momento de consagrarnos a Cristo. ¡Digámosle a todos que Jesús regresa pronto!

¡Maranatha! ¡Ven, Señor Jesús!

RESUMEN

+ La mayoría de señales profetizadas sobre el tiempo final ya se cumplieron. Hoy en día, estamos viendo la manifestación de las profecías y promesas bíblicas que quedaban por cumplirse, y estamos recibiendo respuestas a muchas de nuestras oraciones.

+ Además de los profetas del Antiguo Testamento que proclamaron la segunda venida del Mesías, las Escrituras nos presentan estos poderosos testigos de la verdad acerca de Su regreso: Jesús mismo, los apóstoles de Jesús, los ángeles de Dios y el Espíritu Santo.

+ Las tres intervenciones directas de Jesús en la tierra son: (1) La venida a Su templo; (2) Su aparición; (3) Su segunda venida.

+ La aparición de Jesús se refiere al arrebatamiento del remanente —la novia de Cristo— de la tierra. La venida de Jesús se refiere a Su regreso a la tierra después de la gran tribulación para iniciar el milenio y juzgar al mundo.

+ Una herejía es una perversión de la verdad que hace que la gente se aleje de su fe en Cristo.

+ Dos herejías de los últimos tiempos son la teología del "reino ahora", que afirma que estamos actualmente en el milenio y niega el regreso del Señor, y la teología de la "súper gracia", que dice que una vez que somos salvos, siempre estamos salvos, incluso si abrazamos un estilo de vida pecaminoso.

+ Muchos pecados han sido legalizados en nuestros días; este estado de cosas ha llevado a la iniquidad e injusticia generalizada.

+ Cuando reconocemos la verdad sobre la venida de Cristo, se generan los siguientes efectos: despierta en nosotros una expectativa; produce una esperanza que nos purifica y prepara; reaviva el fuego de nuestro primer amor por Cristo; trae el temor de Dios; y protege nuestros corazones para la aparición de Jesús.

TESTIMONIOS DE SEÑALES DE LOS ÚLTIMOS TIEMPOS

En medio de un mundo que "llama bueno a lo malo y malo a lo bueno", los jóvenes se están confundiendo en muchas cosas, incluida su sexualidad, y están perdiendo la identidad que Dios les ha dado. Lamentablemente, a menudo carecen de la orientación amorosa de un padre que pueda afirmar su verdadera identidad. Sin embargo, el fuego purificador de Dios tiene el poder de revelar la verdad a sus corazones y transformarlos completamente, permitiéndoles convertirse en testigos de otros que están atrapados en el engaño del enemigo.

Los hombres de los siguientes testimonios fueron presa de un espíritu de homosexualidad, pero sus vidas fueron restauradas a través del ministerio del Apóstol Ángel Beriau de Paraguay, quien está bajo la cobertura espiritual del Ministerio El Rey Jesús. El primer testimonio es de Hugo Ayala.

A los cuarenta y nueve años, puedo decir que Dios me ha dado una nueva vida. Durante veinticinco años, estuve en el infierno, inmerso en un mundo de homosexualidad, alcohol y drogas. Fui hospitalizado dos veces por intentos de suicidio, dos veces por alcoholismo, y una vez por una sobredosis de cocaína.

Mis problemas comenzaron cuando era muy joven. A los cinco años, ya espiaba a mi padre mientras se bañaba o en su habitación. En la escuela primaria, formaba parte de un grupo de amigos que se dedicaban a andar manoseando. A los nueve años, ya estaba involucrado en actividades de penetración. Cuando era adolescente, me masturbaba hasta ocho veces al día. A los veintiún años, empecé a ir a bares, discotecas y reuniones privadas para homosexuales. A los veinticuatro años tuve mi primer compañero, un hombre de treinta y tres años que me alejó del ambiente de los bares durante siete años. Sin embargo, cuando esa relación terminó, volví a la escena gay y a consumir cocaína.

Tenía cuatro amigos íntimos, y éramos inseparables. De viernes a domingo íbamos a fiestas privadas, donde había orgías, drogas y alcohol ilimitados. Como resultado de esa vida desenfrenada, dos de esos amigos murieron de SIDA y los otros dos de sobredosis. Yo fui el único sobreviviente de nuestro grupo.

Un domingo, llegué a casa al mediodía, fuertemente drogado después de una fiesta de cuatro días. El hombre con el que había estado me había robado todo mi dinero, así como mi suministro de cocaína. Mi cuerpo pedía más drogas, pero no podía salir a comprar ninguna porque no tenía dinero. Toqué fondo. Todo lo que podía oír en mis pensamientos era, "Mátate, mátate, mátate". No podía soportarlo más, así que decidí terminar con mi vida. Sin embargo, mientras intentaba tirarme desde el segundo piso de mi casa, oí otra voz que me decía repetidamente: "Hijo, te quiero, no lo hagas"; hasta que me rendí.

Abrí la ventana de mi dormitorio y pude ver a mi vecino de enfrente, al que nunca había visto antes. La misma voz que había oído diciéndome que no me matara insistió: "Cruza la calle y ve donde mi siervo". Cuando fui allí, mi vecino, el apóstol Ángel Beriau, me acogió con gran amor, el amor de Cristo. Me abrazó fuertemente y comenzó a orar por mí.

Volvimos a mi casa, cogimos una bolsa, la llenamos con toda mi pornografía, juguetes sexuales y alcohol, y la tiramos. El Apóstol Beriau me llevó a su iglesia, donde estaban teniendo un encuentro con Dios durante un retiro. Allí, escuché a la gente dar testimonios de su liberación, y esto me dio esperanza. Comencé a pasar por un proceso de sanidad y liberación con el Apóstol Beriau y un poderoso equipo de intercesión de su iglesia. Sin embargo, tuve una recaída, y el apóstol me dijo que tenía que decidir entre Cristo y el mundo. Me sugirió que cambiara mi número de teléfono para romper el cordón que me ataba a mi pasado.

Ese día, me decidí por Cristo. Han pasado ocho años, y nunca más volví atrás. En 2013, escuché una enseñanza sobre hacer declaraciones de fe, y eso me llevó a declarar que, dentro de un año, estaría comprometido para casarme con una mujer. (Cuando vivía un estilo de vida destructivo, nunca me habían atraído las mujeres). Sin embargo, no pasó ni un año antes de que tuviera una novia. En 2014, declaré que me casaría con ella y me convertiría en padre, y todo ha sucedido tal como lo declaré. Mi vida es una demostración del poder transformador de Dios.

El apóstol Beriau añade: "Este testimonio es muy importante en nuestra iglesia porque la esposa de Hugo es mi hija Julieta. Hoy en día, Hugo es un anciano y mi hija es pastora, y dan mucho fruto para el Señor. Nosotros creemos que en realidad el poder de Dios transforma a las personas".

Otro miembro de esta iglesia, Eduardo Cabral, tuvo una experiencia similar después de ser abusado por un primo. Vivió un estilo de vida de homosexualidad, alcohol y drogas hasta que tuvo un encuentro radical con Dios. Ahora está felizmente casado y sigue fielmente al Señor.

Nací en un hogar amoroso, y la primera parte de mi infancia fue muy tranquila. Sin embargo, pronto tuve una experiencia que marcó mi vida tan severamente que me siguió hasta la edad adulta. Cuando tenía sólo cuatro años, uno de mis primos, que tenía diecisiete, me enseñó un "juego secreto" que no era otra cosa que abuso sexual infantil. Me dijo que si me gustaba, no debía decírselo a nadie. Mi madre notó irritaciones en mi zona genital y me llevó al médico, pero no pudieron encontrar la causa. Me preguntó qué me pasaba, pero lo mantuve en secreto.

Poco después, mi primo desapareció, pero yo seguí jugando el "juego" con otros niños; sin embargo, ahora era yo quien lo enseñaba, con la frase clave: "Si te gusta, no se lo digas a nadie". De otros niños mayores aprendí sobre el sexo oral y la penetración. La homosexualidad fue inculcada en mi mente y en mis emociones. También, a la edad de once años, en la oficina de mi padre, descubrí mucho material pornográfico que me influenció.

Cuando tenía doce años, conocí a una chica que se convirtió en mi novia. Sin embargo, a los dieciséis años, viajé a los Estados Unidos, dejándola atrás. Allí vi travestis y hombres tomados de la mano. Vi a hombres afeminados en la playa con sus parejas y me enteré de que vivían en mansiones. Todo este comportamiento parecía ser considerado normal.

Después de regresar a mi país, comencé a estudiar en la universidad. Allí formé un grupo de amigos de "élite", compuesto por hijos de embajadores, presidentes, políticos destacados, empresarios y granjeros, con los que empecé a fumar y beber. Delante de todos, actuaba como un "hombre", pero en secreto, era un homosexual. Elegía mi presa, y cuanto más masculina, atractiva y difícil de conquistar era, ¡más excitante!

Me gradué en ingeniería ecológica y fui contratado como director nacional de negocios de una renombrada organización económica internacional. Me enviaron a una ciudad lejana, donde conocí a un futbolista gay billonario. Este fue el período más libertino y lleno de alcohol de mi vida. Mi estilo de vida desenfrenado me llevó a la bancarrota, y tuve que empezar de nuevo. Regresé a mi ciudad natal, donde conocí a un hombre y me enamoré. Nos casamos en un país donde las uniones homosexuales son legales, pero el matrimonio no duró. Seguí organizando fiestas privadas para tener tanto sexo como fuera posible, mientras consumía muchas drogas. Mis padres casi nunca me visitaban porque era muy difícil para ellos verme en ese estado destructivo. Sin embargo, mi madre oró por mí durante diecisiete años.

Un día, consumí tanta cocaína que mi nariz empezó a sangrar sin parar. No podía respirar y echaba espuma por la boca. ¡Casi me muero! Solo en mi casa, me arrodillé y le pedí ayuda a Dios. Una semana después, recibí una llamada de una arquitecta que trabajaba en una obra en la iglesia donde servía como anciana. Me pidió que hiciera un estudio de impacto ambiental. Después de mi evaluación, le dije: "Su institución no cumple con los requisitos ambientales. Podría ser sancionada". Sin embargo, algo dentro de mí me dijo que los ayudara.

En ese momento, fumaba cerca de cuarenta cigarrillos al día. Sin embargo, desde el momento en que llegué a la iglesia, cada vez que intentaba fumar, me daba náuseas. Pronto dejé de festejar. Mientras trabajaba para la iglesia, se celebró un congreso de pastores y otros líderes de todo el país y otras naciones, y la arquitecto me invitó a evaluar el impacto ambiental de este evento masivo. Allí, el Espíritu Santo tocó mi corazón, y vi milagros impresionantes. Mientras estábamos en ese congreso, la arquitecto me pidió que fuera a una reunión más en la iglesia. No quería asistir, pero acepté porque quería terminar el trabajo, que me pagaran y no volver nunca más a esa iglesia. Después de llegar a la reunión, sólo se necesitó una palabra para que me rindiera a Dios. El Apóstol Beriau dijo, "Dios te ama más de lo que crees". Sentí que algo dentro de mí se rompía. Mi pecho parecía abrirse y podía respirar. Un tipo de opresión me dejó, y rompí en lágrimas.

En su sermón, el apóstol habló acerca de Génesis y la creación, y recibí la revelación de que Dios me había creado para ser un hombre. Sentí una tremenda alegría al darme cuenta de que la vida homosexual era una mentira. Recibí esa palabra de libertad, fui bautizado y dejé al "viejo hombre" en las aguas. El poder de Dios se llevó mis vicios y me limpió de toda impureza mental. Salí con la identidad de un hijo de Dios. Pasé por un difícil proceso de sanidad y transformación espiritual, pero nunca dejé de luchar contra los trucos del enemigo.

Decidí que en 2019 me casaría con una mujer, y un día, conocí a una mujer maravillosa. Hoy, estamos felizmente casados, construyendo nuestra unión en los propósitos del Padre y comprometidos a servirle y adorarlo. Mi casa, que antes había sido un lugar de destrucción, se transformó en una Casa de Paz,[23] donde reina el amor del Padre, donde habita el Espíritu Santo y donde Jesucristo tiene total autoridad.

---

23. Una Casa de Paz se refiere al hogar de un miembro del Ministerio Internacional El Rey Jesús o sus iglesias asociadas que abre sus puertas para recibir vecinos, parientes y amigos, con el propósito de compartir el evangelio del reino, enseñar la Palabra de Dios e impartir Su poder. La misma unción, poder sobrenatural, y la presencia de Dios que se encuentran en la iglesia principal del Ministerio El Rey Jesús se manifiestan allí.

CAPÍTULO 4

LA SEÑAL DE SU VENIDA

Cuando Jesús salió del templo y se iba, se acercaron sus discípulos para mostrarle los edificios del templo. Respondiendo él, les dijo: ¿Veis todo esto? De cierto os digo, que no quedará aquí piedra sobre piedra, que no sea derribada.
—Mateo 24:1–2

Basándose en esta declaración profética, los discípulos de Jesús creyeron que Su segunda venida coincidiría con la destrucción del templo de Jerusalén. Como judíos, el templo era tan sagrado para ellos que pensaron, "Cuando el templo sea destruido, el fin del mundo vendrá".

Poco después de escuchar esta profecía, los discípulos le hicieron a Jesús tres preguntas sobre el fin de los tiempos:

Y estando él sentado en el monte de los Olivos, los discípulos se le acercaron aparte, diciendo: Dinos, ¿cuándo serán estas cosas, y qué señal habrá de tu venida, y del fin del siglo? (Mateo 24:3)

Antes de discutir las respuestas de Jesús a estas preguntas vitales, necesitamos definir lo que es una señal.

¿QUÉ ES UNA SEÑAL?

Una señal no es un fin en sí mismo, sino que apunta a algo o a alguien. Puede funcionar como un presagio, lo cual hace referencia a "algo que anuncia un evento venidero" o "es una indicación con significado profético". En el contexto de este libro, la siguiente definición de señal también es muy apropiada: "algo material o externo que representa o significa algo espiritual". Una señal bíblica siempre apunta a una realidad superior. Cada señal que viene de Dios apunta a Él. A lo largo de los milenios, ha dado varias señales a Su pueblo para que sea consciente de cómo Él se está moviendo y lo que viene en el futuro. A fin de cuentas, todas las señales que Jesús reveló apuntan a Su aparición, Su llegada y el fin de la era.

Las señales bíblicas pueden ayudarnos a entender por qué ciertos eventos están sucediendo en el mundo. Sin embargo, las señales no siempre son fáciles de discernir porque, en muchos casos, necesitamos la revelación del Espíritu Santo para comprenderlas. Como mencioné antes, para este fin, Dios ha dado a la iglesia los ministerios del apóstol y el profeta. Uno de sus papeles es explicar las señales de los tiempos.

> **LAS SEÑALES ESPIRITUALES QUE VEMOS HOY APUNTAN A LA APARICIÓN DE JESÚS Y, EN ÚLTIMA INSTANCIA, A SU SEGUNDA VENIDA Y AL FIN DE LA ERA.**

Una vez más, el hombre natural no puede entender estas señales porque el origen de ellas es sobrenatural. Por eso la mayoría de líderes mundiales de hoy están perplejos ante las crisis económicas, ambientales y de salud que afectan al mundo, y por qué ellos no tienen respuestas adecuadas ante ellas. No reconocen los elementos espirituales involucrados.

Como está el mundo en estos últimos días, no podemos ser casuales o apáticos acerca de nuestra fe. No podemos dejar de ayunar y orar buscando dirección de Dios, para que Su voluntad se haga en la tierra como en el cielo. Si cree en la aparición de Jesús, debe buscar las señales que la anuncien. Jesús dejó claro que debemos velar y orar cuando el tiempo se acerque.

SEÑALES DE ADVERTENCIA

Cuanto más nos acerquemos a la venida del Señor, más frecuentes e intensas serán las señales. Es imperativo que no sólo estemos conscientes de las señales, sino que también conozcamos su significado. Si no tenemos una comprensión profética de las señales de Dios, nos faltará la perspectiva de los últimos tiempos, la cual es necesaria para conducir nuestras vidas en estos tiempos cruciales.

Creo que una señal de los últimos tiempos es el clima extremo que nuestro mundo viene experimentando. La Agencia de Protección Ambiental de los Estados Unidos afirma que "el aumento de la temperatura media global está asociado con cambios generalizados en los patrones climáticos. Los estudios científicos indican que los eventos climáticos extremos como las olas de calor y las grandes tormentas probablemente se vuelvan más frecuentes o intensos con el cambio climático inducido por el hombre".[24] El cambio climático ha hecho que los océanos se calienten, contribuyendo a un aumento en el número de huracanes intensos, incluidas las tormentas de categoría 4 y 5. Esta tendencia continuará.[25]

Aunque la frecuencia y la fuerza de los terremotos aparentemente no ha cambiado, la gente ahora está más consciente de ellos porque contamos con mejor tecnología y comunicación.[26] Entre 2000 y 2019 ha habido

24. "Climate Change Indicators," Environmental Protection Agency, August 2, 2016, https://www.epa.gov/climate-indicators/weather-climate.

25. Doyle Rice, "Are Category 5 Hurricanes Such as Dorian the 'New Normal'?" USA Today, September 11, 2019, https://www.usatoday.com/story/news/nation/2019/09/11/category-5-hurricanes-storms-like-dorian-new-normal/2275423001/.

26. "Is Earthquake Activity Increasing?" British Geological Survey, http://www.earthquakes.bgs.ac.uk/news/EQ_increase.html.

veinticuatro terremotos de categoría 8 o más en la escala de Richter,[27] los cuales han causado mucha destrucción. Eventos como estos que muestran a la humanidad su vulnerabilidad y la necesidad de Dios deberían llevarnos a arrepentirnos y buscarlo. Poco después que Jesús le hablara a las multitudes sobre el discernimiento de los tiempos, declaró: *"O aquellos dieciocho sobre los cuales cayó la torre en Siloé, y los mató, ¿pensáis que eran más culpables que todos los hombres que habitan en Jerusalén? Os digo: No; antes si no os arrepentís, todos pereceréis igualmente"* (Lucas 13:4–5).

Los desastres naturales están más allá de nuestra capacidad de control, y el cambio climático está causando muchos cambios preocupantes en el medio ambiente de la tierra. Es inevitable que suframos más catástrofes relacionadas con el clima. Dios nos está hablando a través de estas condiciones, mostrándonos nuestra fragilidad humana y la necesidad de Él como nuestro Creador y Sustentador.

El remanente que Dios está reuniendo debe ser capaz de discernir el propósito de las señales de los últimos tiempos y prepararse para la aparición del Señor. Aunque podemos experimentar algunos de los efectos de esas señales de advertencia, no estamos escogidos para el juicio o la tribulación. ¡Estamos escogidos para el rapto!

ESTA ES LA HORA CUANDO MÁS NECESITAMOS EL PODER SOBRENATURAL DE DIOS.

TRES PREGUNTAS SOBRE LA VENIDA DE JESÚS

Volvamos ahora al pasaje de Mateo 24 que vimos anteriormente y exploremos las tres preguntas específicas que los discípulos de Jesús le hicieron con respecto a las señales de Su regreso:

---

27. "New Earthquake Hazards Program," United States Geological Survey (USGS), https://www.usgs.gov/natural-hazards/earthquake-hazards/lists-maps-and-statistics.

Cuando Jesús salió del templo y se iba, se acercaron sus discípulos para mostrarle los edificios del templo. Respondiendo él, les dijo: ¿Veis todo esto? De cierto os digo, que no quedará aquí piedra sobre piedra, que no sea derribada. Y estando él sentado en el monte de los Olivos, los discípulos se le acercaron aparte, diciendo: Dinos, ¿cuándo serán estas cosas, y qué señal habrá de tu venida, y del fin del siglo?

(Mateo 24:1–3)

"¿CUÁNDO SERÁN ESTAS COSAS?"

La primera pregunta fue: *"Dinos, ¿cuándo serán estas cosas?"* (Mateo 24:3). Jesús explicó que los eventos se desarrollarían con el tiempo. Algunas de las señales que mencionó en Mateo 24 ya han tomado lugar. Por ejemplo, la profecía sobre la destrucción del templo se cumplió exactamente como Jesús la había predicho, cuando el general romano Tito sitió Jerusalén en el año 70 DC. Como he señalado anteriormente, algunas profecías relacionadas con la persecución de la iglesia (vea el versículo 9) se cumplieron en el primer siglo o durante la Edad Media, y otras se están cumpliendo hoy en día en países donde el cristianismo está proscrito o los cristianos están condenados al ostracismo.

En el capítulo 5 de este libro, repasaremos otras señales de los últimos tiempos. Sin embargo, tengamos en cuenta que muchas profecías sobre la venida de Cristo se cumplieron el siglo pasado. Una vez más, uno de los mayores acontecimientos que marcó los últimos tiempos fue la restauración de la nación de Israel en 1948, la cual se produjo debido a la intervención sobrenatural de Dios.

Quiero dejar claro aquí que, aunque Dios tiene un plan especial para Israel, el pueblo judío se salvará sólo a través del sacrificio de Jesús en la cruz, el mismo requisito que aplica para todos. Ellos necesitan arrepentirse, aceptar a Jesús como su Mesías, y ser llenos del Espíritu Santo, porque el único camino al Padre celestial es a través de Jesús. (Vea Juan 14:6). Sin embargo, el hecho de que la nación de Israel haya sido restaurada significa que el reloj está corriendo, porque las profecías de los últimos tiempos no estarían completas sin la restauración prometida.

Las señales de los últimos tiempos continúan cumpliéndose en nuestros días. Está ocurriendo ante nuestros ojos.

"¿QUÉ SEÑAL HABRÁ DE TU VENIDA Y DEL FIN DEL SIGLO?"

La segunda y la tercera pregunta pueden abordarse juntas porque sus respuestas están mucho más integradas. Los discípulos incluso fusionaron estas preguntas en una sola: *"¿Y qué señal habrá de tu venida* [la aparición de Jesús], *y del fin del siglo* [la segunda venida de Jesús]?" (Mateo 24:3). Hay una clara distinción entre la señal de la aparición de Jesús y la señal de Su segunda venida porque apuntan a eventos separados. Recuerde, la aparición de Jesús es para reunir a Su novia remanente, y Su venida es para juzgar y gobernar el mundo.

LA SEÑAL DE LA APARICIÓN DE JESÚS: "SACUDIMIENTOS" DIVINOS

Antes de la aparición de Jesús, los "sacudimientos" divinos vendrán sobre la tierra y su gente. Esos sacudimientos ocurrirán en tres etapas. En el capítulo 3, hablamos sobre un aspecto de los sacudimientos, la sacudida de la economía mundial. Durante estos sacudimientos, todo lo que se pueda soltar, lo que no tenga un fundamento sólido en Cristo, se balanceará y caerá. Ya hemos pasado por la etapa preliminar del sacudimiento y actualmente estamos experimentando la etapa intermedia. Estamos avanzando lentamente hacia el comienzo del sacudimiento final:

> *Porque así dice Jehová de los ejércitos: De aquí a poco yo haré temblar los cielos y la tierra, el mar y la tierra seca; y haré temblar a todas las naciones, y vendrá el Deseado de todas las naciones; y llenaré de gloria esta casa, ha dicho Jehová de los ejércitos.*
>
> (Hageo 2:6–7)

Estos versos describen un sacudimiento que ocurrirá en todas las dimensiones y esferas de la vida. Dondequiera que haya vida, habrá sacudimiento.

Dios hará temblar los cielos, la tierra, los mares y el clima. Los cuerpos celestes caerán. La tierra se moverá debido a los terremotos, de modo que ninguna montaña o isla quedará en su lugar. Los límites de los océanos serán alterados.

Dios sacudirá las naciones, los gobiernos, las instituciones, la economía mundial, las familias y los individuos, incluyendo las relaciones y la salud de las personas.

Dios sacudirá al diablo y sus demonios. Después de la sacudida que estamos experimentando actualmente, los espíritus malignos caminarán sobre la tierra porque habrán caído del segundo cielo. (Vea, por ejemplo, Isaías 14:12–14; Lucas 10:18; Apocalipsis 8:10; 9:1). Una vez más, todo lo que no esté sólido en Cristo será sacudido y caerá. ¡Él es la única roca firme!

> *¿Por qué me llamáis, Señor, Señor, y no hacéis lo que yo digo? Todo aquel que viene a mí, y oye mis palabras y las hace, os indicaré a quién es semejante. Semejante es al hombre que, al edificar una casa, cavó y ahondó y puso el fundamento sobre la roca; y cuando vino una inundación, el río dio con ímpetu contra aquella casa, pero no la pudo mover, porque estaba fundada sobre la roca. Mas el que oyó y no hizo, semejante es al hombre que edificó su casa sobre tierra, sin fundamento; contra la cual el río dio con ímpetu, y luego cayó, y fue grande la ruina de aquella casa.* (Lucas 6:46–49)

LOS SACUDIMIENTOS DE LOS ÚLTIMOS TIEMPOS ESTÁN RELACIONADOS A TRES COSAS: LAS SEÑALES DE LOS TIEMPOS, EL JUICIO Y LA GLORIA DE DIOS.

Dios está usando el sacudimiento que estamos experimentando ahora para refinar a los creyentes, a fin de que sean purificados y se conviertan en el remanente que está listo para la aparición de Jesús. Sin embargo, el propósito principal del sacudimiento es juzgar a la gente del mundo por su pecado y rebelión contra Él. Si usted ha estado pasando por un sacudimiento en su vida personal, familiar, financiera o en su salud, ¡regocíjese! Dios lo está purificando como a la novia remanente. ¡Mantenga su lámpara encendida!

Jesús confirmó la profecía de Hageo sobre el sacudimiento que ocurriría en la tierra cuando dijo: *"Inmediatamente después de la tribulación de aquellos días, el sol se oscurecerá, y la luna no dará su resplandor, y las estrellas caerán del cielo, y las potencias de los cielos serán conmovidas"* (Mateo 24:29). El sol, la luna y las estrellas son los tres elementos que iluminan la tierra; además, el sol y la luna son los cuerpos celestes que nos sirven para marcar las temporadas, los días y las horas. En ese sentido, reflejan la comprensión y el entendimiento de la humanidad, que también se verá sacudida. ¡Todo se oscurecerá! Una vez más, la gente no entenderá lo que está pasando en el mundo a menos que miren a Dios y reciban Su revelación. Estarán desorientados y desenfocados, sin saber dónde acudir.

En cambio, el remanente de Dios no se desconcertará, ni siquiera por la ausencia de luz del sol, la luna y las estrellas, porque tendrá la luz de Cristo en su interior para dirigir sus pasos en esos devastadores tiempos. Encenderá sus lámparas de vigilia, oración y de Palabra preparándose para Su aparición. ¡Ese es el carácter del remanente que Jesús llevará al cielo con Él! No sabemos cuánto durará el último período de sacudimiento antes que ocurra el rapto, pero sí sabemos que al final, en la plenitud de esta era, Jesús aparecerá por Su novia purificada.

LA SEÑAL DE LA VENIDA DE JESÚS: LA PREDICACIÓN DEL EVANGELIO A TODO EL MUNDO

Mientras que la señal de la aparición de Jesús es el sacudimiento de todas las cosas, la señal de Su venida, y por último, el fin de la era, es la predicación del evangelio en todo el mundo: *"Y será predicado este evangelio del reino en todo el mundo, para testimonio a todas las naciones; y entonces vendrá el fin"* (Mateo 24:14).

¿Cómo se llevará a cabo la predicación del evangelio a todo el mundo? Leemos en el libro de Daniel: *"Pero tú, Daniel, cierra las palabras y sella el libro hasta el tiempo del fin. Muchos correrán de aquí para allá, y la ciencia se aumentará"* (Daniel 12:4). Dios le dijo a Daniel que sellara la profecía *"hasta el tiempo del fin"*. Creo que cuando Israel se convirtió en una nación, ese sello se rompió. Seguidamente se cumplió la profecía sobre el aumento del conocimiento en el mundo, que ha llevado a que explote el desarrollo tecnológico.

Gracias a la tecnología, lo que no pudimos lograr en décadas o incluso siglos en cuanto a la difusión del evangelio, ahora podemos conseguirlo en un año, un mes o una semana. Gran parte del mundo hoy tiene acceso a internet. Incluso en países que aún no tienen un alto porcentaje de cobertura, como China e India, se están haciendo esfuerzos para suministrar esa capacidad. Por ejemplo, en la India hay 1,300 millones de personas, pero actualmente sólo 450 millones tienen acceso a internet. "Con sólo un 36% de penetración en internet, todavía hay mucho margen para el crecimiento", dice un informe de la Asociación de Internet y Móviles de la India.[28] Ese acceso ampliado daría a millones de personas más la posibilidad de escuchar el evangelio. Cada vez más, la tecnología electrónica está diseñada para operar en tiempo real, o en el ahora, de modo que no sólo es más global sino también más inmediata.

> **MIENTRAS QUE LA SEÑAL DE LA APARICIÓN DE JESÚS ES EL SACUDIMIENTO DE TODAS LAS COSAS, LA SEÑAL DE SU VENIDA Y DEL FIN DE LA ERA ES LA PREDICACIÓN DEL EVANGELIO EN TODO EL MUNDO.**

---

28. Megha Mandavia, "India Has Second Highest Number of Internet Users After China: Report," *The Economic Times*, September 26, 2019, https://economictimes.indiatimes.com/tech/internet/india-has-second-highest-number-of-internet-users-after-china-report/articleshow/71311705.cms?utm_source=contentofinterest&utm_medium.

¡Ahora tenemos el potencial de llegar a miles de millones de personas con las buenas nuevas del reino! La Gran Comisión de llevar el evangelio a todas las naciones (vea Mateo 28:19) se está cumpliendo. Las estadísticas sobre el crecimiento del cristianismo no son particularmente emocionantes en países como los Estados Unidos. Sin embargo, en lugares como la República Islámica de Irán y la República Popular de China, es un panorama totalmente diferente. Aunque los gobiernos de estas naciones están restringiendo el uso de la tecnología por parte de los cristianos o usando la tecnología para monitorear los movimientos de sus ciudadanos, Dios está trabajando, y la iglesia continúa creciendo.[29] Irán está clasificado entre los diez primeros países que persiguen a los cristianos,[30] pero la iglesia de allí es una de las de más rápido crecimiento en el mundo.[31] China ha intensificado la persecución de los cristianos.[32] Aun así, el número de creyentes en esa nación puede llegar a ciento cincuenta millones.[33]

Incluso en Europa, donde el cristianismo ha estado en declive durante décadas, la asistencia a la iglesia está "por las nubes" en ciertas áreas debido a la conversión de los inmigrantes iraníes y afganos, cuya religión es el islam.[34]

---

29. See, for example, "Iran: More Restrictions, More Growth," Voice of the Martyrs, February 25, 2020, https://vom.com.au/iran-more-restrictions-more-growth; "China: Shandong Authorities Ban Online Preaching," Voice of the Martyrs, March 12, 2020, https://vom.com.au/china-shandong-authorities-ban-online-preaching/; "Christianity Grows in China Despite Persecution," Persecution.org, International Christian Concern, April 29 2019, https://www.persecution.org/2019/04/29/christianity-grows-china-despite-persecution/.
30. "World Watch List," Open Doors, https://www.opendoorsusa.org/christian-persecution/world-watch-list/.
31. "Iran: Government Concerned with the Growth of Christianity," Voice of the Martyrs, July 25, 2019, https://vom.com.au/iran-government-concerned-with-the-growth-of-christianity/.
32. "China: Weifang Honours Areas for Cracking Down on Religion," Voice of the Martyrs, January 23, 2020, https://vom.com.au/china-weifang-honours-areas-for-cracking-down-on-religion/.
33. Eugene Bach and Brother Zhu, *The Underground Church* (New Kensington, PA: Whitaker House, 2014), 31.
34. "Europe: Muslim Conversions Spike Church Growth," Voice of the Martyrs, March 15, 2017, https://vom.com.au/europe-muslim-conversions-spike-church-growth/.

El hecho que la gente alrededor del mundo escuche el mensaje del evangelio por medio de tecnología avanzada u otros métodos, antes que Cristo regrese, no significa que todos se salvarán. Sin embargo, sí significa que todos tendrán la oportunidad de escuchar el mensaje de salvación al menos una vez. Nadie podrá excusarse el día del juicio diciendo que no lo escuchó.

> **EL FIN DEL MUNDO NO PUEDE OCURRIR A MENOS QUE CADA PERSONA EN LA TIERRA HAYA ESCUCHADO EL EVANGELIO DEL REINO.**

Observe que la Biblia dice que el fin vendrá cuando "[haya sido] *predicado este evangelio del reino en todo el mundo*" (Mateo 24:14). Desafortunadamente, el evangelio del reino no es el evangelio que se predica en muchos lugares hoy en día. Por el contrario, la gente está escuchando evangelios sustitutos. Entre ellos está el evangelio de autoayuda, el evangelio motivacional, el evangelio histórico (que cree en los hechos históricos de la vida de Jesús en el primer siglo, sin reconocer la presencia de Cristo resucitado y del Espíritu Santo en la vida de los creyentes), el evangelio de la pobreza, así como el evangelio de las palabras sin manifestaciones (carente de milagros que lo acompañen) y el evangelio de la "súper gracia", que mencioné en el capítulo anterior como una de las herejías de los últimos tiempos. ¡Todos estos son evangelios sin poder!

"*Porque no me avergüenzo del evangelio, porque es poder de Dios para salvación a todo aquel que cree; al judío, primeramente, y también al griego*" (Romanos 1:16). El evangelio del reino no es uno que simplemente nos hace "sentir bien". Además, no consiste de meras "*palabras persuasivas de humana sabiduría, sino con demostración del Espíritu y de poder*" (1 Corintios 2:4). Viene con evidencias sobrenaturales tales como milagros, señales y maravillas.

Dios ha confiado a cada creyente la tarea de predicar este evangelio del reino. No le dio esta tarea solo a unos pocos elegidos. Tampoco eligió a los líderes mundiales o a los gobiernos para hacer el trabajo. Él eligió a cada miembro de Su iglesia para llevar a cabo esta importante obra a través del poder de Su Espíritu.

Y Jesús se acercó y les habló diciendo: Toda potestad me es dada en el cielo y en la tierra. Por tanto, id, y haced discípulos a todas las naciones, bautizándolos en el nombre del Padre, y del Hijo, y del Espíritu Santo; enseñándoles que guarden todas las cosas que os he mandado; y he aquí yo estoy con vosotros todos los días, hasta el fin del mundo. (Mateo 28:18–20; vea también Marcos 16:15)

El mundo está en crisis. La gente está esperando que nosotros, los hijos de Dios, les hablemos de Cristo. (Vea Romanos 10:14–15). El evangelio del reino es simple, práctico y poderoso, y la tarea suprema de la iglesia es llevarlo al mundo entero. La verdad del evangelio es confirmada por la resurrección de Jesús. Debemos ir y demostrar el poder de Su resurrección. Esto es lo que significa decir, "Ven, Señor Jesús" con el Espíritu, ¡como la novia purificada de Cristo!

PREDICANDO EL EVANGELIO DE MANERA EFECTIVA EN LOS ÚLTIMOS TIEMPOS

Algunas de las formas en que los cristianos tratan de predicar el evangelio hoy en día son profundamente ineficaces. Los errores usualmente vienen cuando intentamos difundir las buenas nuevas del reino a través de la fuerza y el juicio humano, en lugar de recibir la dirección y el poder del Espíritu Santo. Veamos algunos elementos fundamentales de la predicación efectiva del evangelio en estos tiempos finales.

SER PARTE DEL AVIVAMIENTO DE DIOS EN LOS ÚLTIMOS TIEMPOS

Para que la iglesia predique el evangelio por todo el mundo antes del regreso de Cristo, debe experimentar un verdadero avivamiento y ser parte del gran derramamiento del Espíritu de Dios. El avivamiento puede definirse como "un acto o una instancia de resurgimiento" o "el estado de reavivar algo, como por ejemplo una nueva presentación o publicación de algo viejo". Para la iglesia, el avivamiento significa retornar a su propósito original, sólo que en una dimensión mayor. Esto se debe a que el avivamiento siempre va acompañado de una obra nueva de Dios. Si lo que experimentamos en la iglesia sucedió anteriormente de la misma forma, entonces no importa lo maravilloso que haya sido, no puede ser considerado un avivamiento.

La Biblia nos dice que "[Jesús] *nos hizo reyes y sacerdotes para Dios, su Padre*" (Apocalipsis 1:6). El avivamiento vendrá, en gran medida, de los creyentes que se dedican a servir como sacerdotes de Dios en los últimos tiempos por medio de la oración, el ayuno, la adoración y las ofrendas.

Este avivamiento reflejará varias facetas de la persona y la obra del Espíritu Santo. Se caracterizará por sanidades, milagros, salvaciones, prosperidad y gozo, así como por la evangelización de grupos étnicos que nunca antes habían escuchado el evangelio. Habrá actividad sobrenatural en todo el mundo. Se abrirán puertas y portales espirituales, y la gente estará más propicia a recibir el evangelio. Los mismos apóstoles y profetas de la iglesia servirán como especie de portales, porque serán ellos quienes encenderán ese avivamiento en el Espíritu y ganarán nuevos territorios para el reino.

Creo que el avivamiento de los últimos tiempos ya ha comenzado, por eso estamos viendo una represión satánica contra los cristianos alrededor del mundo. Previamente discutimos cómo los creyentes en países como Malasia, Irán y China están sufriendo persecución. Veamos algunos ejemplos adicionales de cristianos oprimidos. La persecución en China es implacable. La Voz de los Mártires informa que las autoridades gubernamentales de la provincia de Zhejiang han puesto en vigencia un nuevo conjunto de medidas que prohíben el bautismo, los cambios en la ubicación de las iglesias y el crecimiento de las congregaciones. Entre otras restricciones, las iglesias no pueden tener una cuenta bancaria o recibir donaciones de otros países.[35] Una iglesia en Nanjing, en la

---

35. "China: New Measures Forbid Baptism," Voice of the Martyrs, November 6, 2019, https://vom.com.au/china-new-measures-forbid-baptism/.

provincia de Jiangsu, que proveía servicios a mil cristianos del área (un número que habla del avivamiento que la iglesia está experimentando en medio de la persecución) fue demolida en medio de la noche. Los creyentes que se habían reunido para adorar fueron arrastrados fuera del edificio, y algunos de ellos fueron golpeados. Los cristianos se arrodillaron frente a su iglesia, "llorando y gritando", mientras las autoridades gubernamentales derribaban el edificio.

Esta es sólo la última de una serie de demoliciones de iglesias en China. Un pastor anónimo de Nanjing dijo que cree que el motivo del gobierno es destruir el cristianismo.

Desde que el Presidente Xi Jinping asumió el poder en 2013, ha instituido una "religión con características chinas", un esquema para poner la teología bajo el control del gobierno. El gobierno chino teme que la difusión de la religión socave su poder.[36]

El avivamiento también ha provocado una gran persecución de cristianos en Laos, un país del sudeste asiático. En el norte, distritos enteros han recibido a Jesús. Algunas autoridades locales han declarado que cualquier persona que se convierta a Cristo ya no está bajo su protección, y los creyentes se ven obligados a abandonar la aldea. Cualquiera que desee regresar debe "realizar una ceremonia de sacrificio a sus ancestros y volver a sus prácticas antiguas".[37] La creencia dominante en esa área es el animismo, que considera que todos los objetos, lugares y criaturas tienen un espíritu esencial, lo que hace al ser humano igual a los objetos inanimados. Los líderes son chamanes que dicen tener influencia sobre el mundo de los espíritus malos y buenos. Pero, incluso en medio de esta intensa persecución, "los creyentes se comprometen fielmente a seguir a Cristo y no niegan su nueva fe".[38]

36. "China: Nanjing Church Demolished," Voice of the Martyrs, November 28, 2019, https://vom.com.au/china-nanjing-church-demolished/.
37. "Persecution and Revival," Voice of the Martyrs, August 26, 2015, https://vom.com.au/persecution-and-revival/.
38. Ibid.

En Cuba, las autoridades han amenazado continuamente a un pastor que ha estado trabajando en la reconstrucción de iglesias dañadas por un huracán que azotó la isla en 2018. Aunque las estructuras dañadas se han utilizado para los servicios de culto durante años, el gobierno no reconoce los edificios de iglesias construidos después de la revolución de 1959. A ese pastor también se le negó el derecho de registrar su carro o de poner un cartel en su iglesia. Con el fin de continuar las reparaciones, él y otros cristianos han tenido que trabajar de noche, pero aun así, el pastor fue amenazado por un vecino con un machete.[39] Pese a tales tribulaciones, el avivamiento ha llegado a la isla caribeña y continúa creciendo.

Así, mientras el avivamiento de los últimos tiempos es global y gozoso, también genera persecución. Debemos estar preparados para mantenernos firmes en nuestra fe en medio de la oposición, tal como los creyentes de estas naciones han tenido que hacerlo.

Recuerde que, antes que el evangelio sea predicado a todo el mundo, debe haber sacudimientos divinos. Los seres humanos, por naturaleza, tendemos a distraernos fácilmente, perdiendo el enfoque y olvidando las prioridades. Sin embargo, sabemos que la gente busca a Dios cuando está en crisis. Dios usará esos sacudimientos para avivar la iglesia y derramar Su Espíritu Santo en una medida aún mayor que cuando la iglesia comenzó. Los sacudimientos despertarán a los creyentes para desarrollar una profunda relación con Dios, mientras renuevan su compromiso de orar, dar y evangelizar.

> **NO PODEMOS SER PREDICADORES EFECTIVOS DEL EVANGELIO SIN PASAR POR UN SACUDIMIENTO. ESO PRODUCIRÁ EL AVIVAMIENTO DIVINO.**

---

39. "Cuba: Pastor Threatened for Repairing Churches," Voice of the Martyrs, March 14, 2019, https://vom.com.au/cuba-pastor-threatened-for-repairing-churches/.

Este será el último avivamiento antes del final de la era, y será masivo. En el pasado, gran parte de la iglesia ha dado por sentado el avivamiento, sin entender su verdadero propósito. El avivamiento no viene simplemente para que podamos divertirnos, calentar las sillas de las iglesias, y estar aislados del resto del mundo. Viene a impulsarnos a arrepentirnos y capacitarnos para llevar a la gente a la luz de Cristo y que puedan ser salvados. Algunas personas quieren el avivamiento para su propio beneficio, sin preocuparse por los demás. No funciona de esa manera. El plan de Dios no es egoísta ni se centra en los individuos. El verdadero avivamiento es para todos. La ignorancia espiritual de la gente y la falta de revelación puede causar que pierdan el avivamiento y sean excluidos del reino. ¡Seamos sabios!

LA NOVIA REMANENTE ESTÁ SIENDO REAVIVADA PARA LOS ÚLTIMOS DÍAS.

Debemos entender que, en el avivamiento de los últimos tiempos, no todo será reavivado. Cualquier cosa que Dios juzgue no será reavivada. Dios reavivará a las personas y ministerios que responden a Su Espíritu y están listos para participar en Su movimiento sobrenatural.

Tenemos que estar atentos y no perder de vista el propósito del avivamiento de los últimos tiempos. En medio de este despertar, Dios escogerá a Su remanente de entre todos los cristianos de la tierra e identificará a quienes han sido refinados como la novia de Cristo. Ellos servirán como testigos efectivos del evangelio, demostrando el poder sobrenatural a través de milagros, señales y maravillas. Los desafío a caminar sobria y justamente en santidad ante Dios. Que vuestra pasión sea agradable a Él.

RECONOCER LA REALIDAD DEL INFIERNO

En la iglesia de hoy, la realidad del infierno es poco reconocida. No podemos predicar eficazmente el evangelio —o estar motivados a hacerlo— hasta que sepamos, en lo profundo de nuestro corazón, que el infierno es real y que es posible que la gente termine allí.

> *Aconteció que murió el mendigo, y fue llevado por los ángeles al seno de Abraham; y murió también el rico, y fue sepultado. Y en el Hades alzó sus ojos, estando en tormentos, y vio de lejos a Abraham, y a Lázaro en su seno. Entonces él, dando voces, dijo: Padre Abraham, ten misericordia de mí, y envía a Lázaro para que moje la punta de su dedo en agua, y refresque mi lengua; porque estoy atormentado en esta llama.* (Lucas 16:22–24)

Jesús fue enfático sobre la realidad del infierno. De hecho, habló más del infierno que del cielo. Su consejo para evitar este lugar de castigo fue también contundente y vívido en imágenes: *"Si tu mano te fuere ocasión de caer, córtala; mejor te es entrar en la vida manco, que teniendo dos manos ir al infierno, al fuego que no puede ser apagado, donde el gusano de ellos no muere, y el fuego nunca se apaga"* (Marcos 9:43–44).

El infierno es un lugar de castigo eterno del que nadie puede escapar. (Vea, por ejemplo, Mateo 23:33). Fue creado para Satanás y sus ángeles rebeldes, pero el diablo quiere compañía. Por lo tanto, trabaja día y noche para que más y más personas terminen allí con él.

En 1979, una mujer llamada Glenda Jackson tuvo una visión del infierno y vio imágenes terribles. Ella relató cómo un ángel la llevó a un lugar sin fondo. El olor allí era insoportable, y la gente se quemaba incesantemente. Glenda se sorprendió al ver a expresidentes, cantantes famosos, e incluso predicadores en ese lugar.[40]

Los mayores engaños que el diablo trata de hacer creer al mundo son que él no existe y que el infierno no es real. No tienes que ir al infierno tú mismo para probar que es real. No quiero ir al infierno por nadie, ni

---

40. "Our Guest Glenda Jackson," *Sid Roth One New Man TV*, February 19, 2015, http://www.onenewman.tv/2015/02/19/our-guest-glenda-jackson/.

quiero que nadie tenga que ir a ese lugar de tormento. Sabemos que el infierno existe porque Jesús lo dijo y nos advirtió fuertemente que no termináramos allí. Dio Su propia vida para que pudiéramos vivir con Él en el cielo y no ser condenados al castigo eterno. Esta es una de las razones por las que predico el evangelio en todo el mundo. Estoy listo para difundir las buenas noticias del reino *"a tiempo y fuera de tiempo"* (2 Timoteo 4:2).

CUALQUIERA QUE ENTIENDA LA REALIDAD DEL INFIERNO TESTIFICARÁ A OTROS SOBRE JESÚS.

DESARROLLAR UN SENTIDO DE URGENCIA

Si no creemos verdaderamente en la realidad del infierno, no sentiremos la urgencia de evangelizar. Pensaremos que tenemos todo el tiempo del mundo para hablarles a los demás sobre Jesús. Sin embargo, la gente muere por miles cada día sin conocer a Cristo. Porque sabemos que Jesús va a volver, debemos evangelizar como si no hubiera un mañana. Pablo transmitió este sentido de urgencia en una carta a su hijo espiritual Timoteo, una parte de la cual he citado anteriormente: *"Te encarezco delante de Dios y del Señor Jesucristo, que juzgará a los vivos y a los muertos en su manifestación y en su reino, que prediques la palabra; que instes a tiempo y fuera de tiempo; redarguye, reprende, exhorta con toda paciencia y doctrina"* (2 Timoteo 4:1–2).

Piense en esto: si usted muriera mañana, ¿a qué lugar le gustaría ir, al cielo o al infierno? ¿Qué pasaría con la gente que le rodea si ellos murieran mañana? Debemos llamar a otros a la salvación, porque sabemos que habrá un juicio final. Hoy en día, vemos muy pocas conversiones en nuestras iglesias porque el "evangelio" que la gente está escuchando es sólo acerca de recibir bendiciones. No se les dice que están en peligro de ser juzgados y que tienen la apremiante necesidad de salvación.

Una vez más, necesitamos hacer el llamado a los perdidos con sentido de urgencia para que reciban a Jesús, porque no sabemos lo que el mañana traerá. Supongamos que alguien visita su iglesia por primera vez el domingo. ¿Podría pensar que lo verá la semana siguiente para hablarle de su estado espiritual? Pero, ¿quién puede asegurarle que volverá a su iglesia o incluso que vivirá un día más? Esa visita podría ser su última oportunidad de escuchar la palabra de verdad y de comprometerse con Cristo. No importa si es alguien educado o no, si es rico o pobre, famoso o desconocido, popular o impopular. Si no conoce a Jesús, irá directamente al infierno a menos que se arrepienta y lo reciba como Señor y Salvador, comprometiéndose a seguirlo.

¡Debemos poblar el cielo y despoblar el infierno! La próxima vez que vea a alguien que no conoce a Jesús, imagínelo quemándose en el fuego eterno del infierno. Imagínelo siendo atormentado de día y de noche. Quizá usted sea el único que puede ayudar a esa persona a salir del fuego por el poder del Espíritu de Dios. Debe ver a las personas como Dios las ve y valorarlas como Él lo hace.

Lo animo a ir al mundo y ganar gente para el Señor. Hay alguien en su esfera de influencia que le ha pedido a Dios una señal, y si usted le habla acerca de Jesús, creerá. La evidencia sobrenatural sigue a los que "van". (Vea Marcos 16:15–18). ¡Lo activo para vaya a la gente en su familia, en su vecindario, su ciudad y más allá a predicar el verdadero evangelio del reino con demostración del poder de Dios! Usted ha sido ungido para ser un testigo efectivo de Cristo. Recuerde que la señal de la segunda venida de Jesús es la predicación del evangelio. Si usted sale y predica ahora, estará acelerando la venida del Señor.

PROCLAMAR LAS BUENAS NUEVAS

Las señales son evidentes. *"El que tiene oídos para oír, oiga"* (Marcos 4:9). La naturaleza misma clama por el regreso del Señor y la manifestación de los hijos de Dios. (Vea Romanos 8:19). Después de refinado y purificado, el remanente está llamado a predicar las buenas nuevas del reino, en todas partes, durante el avivamiento de los últimos tiempos que viene sobre la tierra en esta generación. Debemos hacer esto con un sentido de urgencia, a tiempo y fuera de tiempo, muy conscientes de la realidad del infierno para aquellos que no creen.

¡Cristo regresa pronto! No es tiempo para indecisiones o dudas. No es momento de dormir, sino de velar, de orar y proclamar las buenas nuevas, porque el Espíritu y la novia dicen "¡Ven, Señor Jesús!" ¿Usted dice lo mismo? ¿Se unirá al clamor del Espíritu y la novia, para pedir la inminente venida del Hijo de Dios? ¡*Maranatha!* ¡Ven, Señor Jesús!

RESUMEN

+ Los discípulos de Jesús le hicieron tres preguntas sobre los últimos días: *"¿Cuándo serán estas cosas, y qué señal habrá de tu venida, y del fin del siglo?"* (Mateo 24:3).

+ Una señal no es un fin en sí mismo, sino que apunta a algo o a alguien. Es "algo material o externo que representa o significa algo espiritual".

+ Cada señal de Dios apunta hacia Él.

+ Todas las señales que Jesús reveló apuntan a Su aparición, Su venida y el fin del mundo.

+ Los apóstoles y los profetas son los medios que Dios usa para traer revelación a la iglesia sobre las señales de los últimos tiempos reveladas por el Espíritu Santo.

+ Muchas profecías sobre la venida de Cristo se han cumplido en el siglo pasado, y otras profecías continúan cumpliéndose en nuestros días. Esto está sucediendo ante nuestros ojos.

+ La señal de la aparición de Cristo es el sacudimiento de todas las cosas, que ocurrirá por etapas: un sacudimiento preliminar, un sacudimiento intermedio (por el cual estamos pasando actualmente), y un sacudimiento final, al que nos estamos acercando.

+ Dios sacudirá todas las dimensiones y esferas de la vida —los cielos, la tierra, los mares, el clima, las naciones, los gobiernos, las instituciones, la economía mundial, las familias, los individuos, e incluso Satanás y sus demonios— y sólo permanecerá en pie lo que está fundado en Cristo.

+ La señal de la segunda venida de Jesús y del fin de la era es la predicación del evangelio en todo el mundo.

+ Para que prediquemos el evangelio de manera efectiva, debemos ser parte del avivamiento de los últimos tiempos, reconocer la realidad del infierno y desarrollar un sentido de urgencia para alcanzar a los perdidos antes que sea demasiado tarde.

TESTIMONIOS DE SEÑALES DE LOS ÚLTIMOS TIEMPOS

MANIFESTACIONES DEL AVIVAMIENTO EN EL ÚLTIMO TIEMPO

El avivamiento de los últimos tiempos es una señal reveladora de la venida de Cristo. Los siguientes son destellos de lo que está sucediendo alrededor del mundo, mientras el Ministerio El Rey Jesús y las iglesias bajo nuestra cobertura espiritual predican el evangelio y experimentan el avivamiento profetizado.

El apóstol Shammah Apwam, de Sudáfrica, ha visto en su ministerio a miles de musulmanes venir a Cristo. En su testimonio él nos cuenta la forma cómo Dios se está moviendo:

Soy uno de los líderes que participan en el avivamiento que se ha desatado sobre nuestra nación. Desde 2011, hemos tocado todas las grandes ciudades con cruzadas de milagros, activando a pastores y líderes en lo sobrenatural. En cada ciudad donde vamos, experimentamos una fuerte oposición satánica en forma de brujería y religiosidad, pero el Señor siempre nos da la victoria. Vemos un movimiento masivo del Espíritu Santo que está alcanzando a miles de almas cada año. Estos son algunos ejemplos de lo que Dios está haciendo.

Conocí a un joven musulmán que le había entregado su vida a Jesús, pero sufría un dolor insoportable en sus testículos. Se había sometido a dos cirugías sin éxito, y vino a nosotros pidiendo ayuda. Aunque sabía que su familia lo rechazaría, fue bautizado como creyente. Después de su bautismo, todo el dolor se fue de su cuerpo. También, durante una cruzada, atendí a una joven que llevaba cinco años sufriendo de una infección que se había desarrollado como complicación de una cesárea. La herida rezumaba constantemente. Oramos por ella, y la supuración se detuvo. ¡Fue al médico y éste la declaró sana! En otra ocasión, nos enteramos que un miembro de nuestra iglesia estaba atrapado dentro de una mina que había colapsado. La iglesia intercedió por él, y fue rescatado después de tres días, sano y salvo.

Tan pronto como fue rescatado, la mina se derrumbó completamente. Otro hombre vino a nosotros con una enfermedad pulmonar después de haber fumado durante treinta años. Oramos por él, y tres días después, su médico le dijo que sus pulmones estaban tan limpios como si nunca hubiera fumado. Oímos hablar de un joven que había estado en coma durante ocho días y estaba a punto de ser desconectado de las máquinas de soporte vital. Oramos por él, e inmediatamente recuperó la conciencia. Los doctores todavía están sorprendidos de su recuperación.

Estamos entrenando líderes en evangelismo y otras áreas del ministerio, y tenemos una cadena de oración las 24 horas del día, los 7 días de la semana. Sabemos que estamos viendo el derramamiento del Espíritu Santo en los últimos días, que es el tiempo de mayor cosecha de almas jamás vista. Por lo tanto, es hora de volver al mar y echar las redes, con un evangelismo masivo que vaya acompañado de grandes milagros, señales y maravillas para esta última milla de existencia de la iglesia en la tierra.

El apóstol Edgar Ortuño del Ministerio Internacional Centro de Vida Sobrenatural, de Bolivia, proporciona cobertura espiritual a más de sesenta iglesias en toda América Latina. El avivamiento en su país está afectando todas las esferas de la sociedad, y está siendo testigo de muchos milagros y señales en sus enormes cruzadas evangelísticas.

Hemos visto la gloria de Dios descender sobre nuestra nación. Nuestro ministerio ha influenciado a pastores, ministerios, autoridades gubernamentales, empresarios, trabajadores y agricultores. Estamos viendo milagros, conversiones, liberaciones y prosperidad como nunca. Más de trescientas cincuenta mil personas asistieron a nuestra última reunión sobrenatural. Algunos de los milagros que hemos visto incluyen personas a quienes les aparece dinero en sus bolsos y cuentas bancarias, gente que ha sido sanada completamente de cáncer terminal, e individuos que han sido libres del dolor y han recuperado el movimiento después de someterse a cirugías que incluyen implantes metálicos, luego que los implantes desaparecieron totalmente. Una sanidad que particularmente me llamó la atención fue la de Raúl Flores. Tenía sarpullido y llagas por todo el cuerpo, de modo que no podía moverse o incluso caminar. Oramos por él, y en diez minutos, su piel estaba limpia y sana.

El mayor ataque contra nuestro ministerio ha sido el espíritu de religiosidad. Algunos de nuestros hermanos en Cristo se han encargado de difamarnos. También hemos sido atacados por personas que se adhieren a la cultura socialista y comunista de nuestro país. Los obstáculos más duros han sido políticos, seguidos por la brujería y el ocultismo. Pero cuanto mayor es la resistencia, mayor es el apoyo que Dios nos da.

Todos las señales se intensifican, mostrándonos que la venida de nuestro amado Cristo está más cerca que nunca. Esto ha traído un sentido de urgencia para consagrarnos, para renovarnos diariamente en el Espíritu de Dios, y para prepararnos, como miembros del remanente, para extender Su reino en poder. Sentimos que no hay tiempo que perder y que este es un período de avivamiento y gran cosecha. Por lo tanto, hemos hecho del evangelismo un estilo de vida. Llevamos a cabo tanto el evangelismo masivo en lugares públicos, como el evangelismo individual a través del testimonio; este último ha traído el 98 por ciento de los miembros de nuestra iglesia. Como resultado de la más reciente reunión sobrenatural presidida por nuestro apóstol, Guillermo Maldonado, en tres meses evangelizamos a trescientas noventa mil personas, a las que damos una atención y cuidado espiritual cercano.

También recibimos provisión sobrenatural para cada uno de nuestros eventos. Aunque no teníamos dinero, Dios suplió nuestras necesidades, y nunca hemos tenido problemas financieros. Entendemos que este movimiento no es una obra natural. No se trata de estrategias o métodos, sino de una batalla espiritual. La oración persistente es lo que nos sostiene y nos da la victoria.

Recientemente ministramos en Pakistán, donde visitamos la ciudad de Karachi. Aunque Karachi es considerado uno de los lugares más peligrosos del mundo, fuimos allá porque el Señor me habló durante un ayuno y me comisionó para ir al corazón de esa ciudad a predicar el poder de Jesucristo. Aquí está el informe de uno de los participantes en nuestras reuniones:

El primer día se celebró un servicio para siete mil líderes influyentes de Pakistán. La noche siguiente, más de un millón de personas se reunieron a las afueras de uno de los mayores estadios del país. El número de asistentes fue verificado por la policía de Karachi y el servicio satelital del gobierno pakistaní. Este monumental evento fue la mayor reunión cristiana al aire libre en la historia de Pakistán, y el 95 por ciento de los asistentes no eran cristianos sino musulmanes. Más de novecientas mil almas llegaron a conocer el poder salvador de Jesucristo. Señales, milagros y maravillas se manifestaron entre la gente, con miles de personas sanadas de diversas enfermedades.

El Apóstol Maldonado testificó: "No había coro ni música, así que enseñé sobre lo sobrenatural sin una atmósfera espiritual. Tuve que usar la autoridad cruda, y Dios comenzó a trabajar. En ese tipo de atmósfera, no se puede operar por fe o por unción. Fue la manifestación soberana de la gloria de Dios la que trajo los milagros y las liberaciones. Según el gobierno de Pakistán, el 97 por ciento de los 190 millones de pakistaníes son musulmanes, mientras que sólo el 3 por ciento son cristianos. Anunciamos este evento en la televisión de Karachi, y la gente asistió porque declaramos que habría milagros. En el momento que puse el pie en la plataforma, sentí el amor y la presencia de Dios. Sé que Pakistán fue transformado para siempre".

En el evento de líderes, hubo muchos milagros, incluyendo ciegos que vieron, sordos que oyeron y paralíticos que caminaron por el poder de Dios. El Señor ha sido fiel en todo lo que ha hecho por nuestra ciudad, y estamos eternamente agradecidos por lo que ha continuado haciendo en Su poder sobrenatural.

Noé Banegas de Tegucigalpa, Honduras, es un líder de jóvenes del Centro Cristiano Renovación Internacional, bajo la dirección del apóstol Jorge Suazo, miembro de nuestra red de ministerios. Dios lo está usando para llevar a los jóvenes a experimentar Su poder sobrenatural. En este avivamiento de los últimos tiempos, Noé está llevando a cabo reuniones en diferentes ciudades, y la gente está siendo sanada y transformada por el poder de Dios.

Mi testimonio es sobre el movimiento sobrenatural que ha despertado a muchos jóvenes en mi país. Varios en nuestra iglesia fuimos activados en el poder de Dios a través del Ministerio El Rey Jesús, y decidimos provocar un movimiento espiritual, así que oramos a Dios para que esto suceda. Pasamos por un entrenamiento bíblico y recibimos imparticiones espirituales, y cuando aplicamos lo que habíamos aprendido y recibido, ¡los cambios comenzaron a suceder!

Hoy en día, avanzamos en un movimiento que está alcanzando a Honduras para Dios. Hemos aprendido a perder el miedo y a ministrar en las calles. Los jóvenes de nuestra iglesia han ido a varias ciudades con adoración, alabanza, oración y evangelización, creando un ambiente celestial en las plazas centrales. La gente de esas ciudades que estaban sedientas de Dios, enfermas y en esclavitud espiritual se detienen o caminan cerca de nuestros lugares de reunión. Allí encuentran a Dios y sus ataduras se rompen. ¡La gente es liberada en las calles!

Una vez, en una plaza de Tegucigalpa, estábamos adorando mientras los evangelistas se acercaban a la gente. Una joven que pasaba por allí se detuvo para ver lo que estaba pasando.

En ese momento ella se quebrantó ante Dios. Nadie la tocó ni hizo nada más. Durante años, había estado cargando resentimiento en su corazón contra su madre. Declaró que ahora podía sentir el amor de Dios y dijo: "No lo sé, pero quiero perdonar a mi madre". Casualmente, la madre también estaba allí, entre la gente, y ocurrió el milagro del perdón. Otra mujer que estaba agachada e incapaz de moverse fue atendida por uno de los evangelistas, e inmediatamente todo dolor se fue de su cuerpo. Hemos visto a jóvenes dejar las gangas, ser libres de la adicción a las drogas y mucho más. Como estamos en las calles, ellos vienen a nosotros. Les damos una palabra profética de Dios y les mostramos Su poder, y ellos entregan sus vidas a Cristo. ¡Son liberados! ¡Entonces se unen a este movimiento, y ministran a otras personas de la misma manera!

Los medios de comunicación en Honduras han puesto su foco de atención en la revolución sobrenatural que se está produciendo entre la juventud, presentándonos en la televisión. Como resultado, muchos hondureños han oído hablar de este movimiento. Nosotros, los jóvenes cristianos, estamos incluso influenciando al gobierno. Hace unos meses, algunos legisladores intentaron pasar una ley aprobando el aborto. Un grupo grande de jóvenes se reunió para adorar a Dios y orar en un área pública en Tegucigalpa el mismo día que la ley se estaba discutiendo en el Congreso. Decretamos que esa ley no sería aprobada; proclamamos vida y no muerte. Otros jóvenes que estaban a favor del aborto vinieron a intimidarnos, pero continuamos adorando y orando. ¡Por la tarde, el proyecto de ley fue anulado! Es un hecho innegable que este movimiento sobrenatural está provocando cambios en nuestro ministerio, nuestras familias y nuestra nación.

CAPÍTULO 5

SEÑALES DE LOS ÚLTIMOS TIEMPOS

Mas como en los días de Noé, así será la venida del Hijo del Hombre. Porque como en los días antes del diluvio estaban comiendo y bebiendo, casándose y dando en casamiento, hasta el día en que Noé entró en el arca, y no entendieron hasta que vino el diluvio y se los llevó a todos, así será también la venida del Hijo del Hombre.
—Mateo 24:37–39

Quién está listo para la aparición de Jesús y Su segunda venida? Noé predicó durante 120 años, sin embargo, sólo él y los miembros de su familia inmediata creyeron en la advertencia de Dios y se salvaron del diluvio universal. Noé era la voz de Dios para su generación, pero a la gente no le interesó escuchar el mensaje. No quisieron recibir la palabra profética. La generación de Noé se caracterizó por su dureza de corazón y sordera espiritual, algo muy parecido a lo que sucede con la generación actual.

Los discípulos de Jesús le preguntaron sobre la señal de Su venida y el fin de la era (vea Mateo 2:3) porque entendieron que todas las temporadas pueden identificarse por señales. Tenga en consideración que una señal no es el fin en sí mismo, sino que apunta a algo o a alguien. Una señal bíblica siempre representa una realidad espiritual superior. Todas las señales que Jesús reveló apuntan a Su aparición y Su venida.

En el mundo físico reconocemos la transición entre temporadas por los cambios que ocurren en la naturaleza, tales como los ascensos o descensos sustanciales de temperatura, la partida o el regreso de las aves migratorias, el marchitar o reverdecer de las hojas de los árboles, y el surgimiento de plantas nuevas en la tierra o el desarrollo de otras completamente maduras para la cosecha. De la misma manera, podemos identificar qué temporada y tiempo espiritual estamos viviendo por las señales que vemos a nuestro alrededor y en el mundo en general.

> **LAS SEÑALES DE LOS ÚLTIMOS TIEMPOS ESTÁN RELACIONADAS A TRES ÁREAS ESPECÍFICAS: LA PROFECÍA, LAS FIESTAS DEL SEÑOR Y LA SEGUNDA VENIDA DE JESÚS.**

Hemos señalado que la segunda venida de Cristo ocurrirá varios años después del rapto del remanente. La segunda venida coincidirá con el fin de una era y el fin del tiempo. Sin embargo, recuerde que esto no es todavía la plenitud de todos los tiempos; la segunda venida inaugurará la era milenaria, en la que Cristo gobernará sobre la tierra antes de la batalla final contra Satanás.

La mayoría de señales de los últimos tiempos ya se cumplieron. Sin embargo, debemos reconocer una característica común en las señales que actualmente se están cumpliendo (o que pronto se cumplirán): todas se están intensificando. El juicio de Dios sobre la rebelión, el pecado y la maldad de la humanidad está llegando a la tierra. Las señales son claras. Cuando Dios finaliza algo, lo juzga; y eso está ocurriendo ante nuestros ojos. La tierra actual está llegando a su fin, y Dios está juzgando a la humanidad a través de perturbaciones en el mundo natural, entre otras aflicciones. (Vea, por ejemplo, Salmo 148:8; Jeremías 10:13).

Muchas personas reconocen fácilmente que Dios es un Dios de amor y perdón que nos da la oportunidad de arrepentirnos de nuestros pecados. Él es el que vino a la tierra a morir por nosotros para que, cuando volvamos a Él, podamos recibir Su misericordia. Sin embargo, hay otra faceta de Dios que es menos conocida por la gente, pero es igual de real: Dios es un Dios de ira y juicio contra el pecado. En el momento que la copa de iniquidad y de pecado de la humanidad sea colmada y se derrame, Dios juzgará al mundo, tal como lo hizo con las ciudades de Sodoma y Gomorra en el Antiguo Testamento. (Vea Génesis 19).

> ## CUANDO DIOS LE PONE FIN A ALGO, ESO ES JUZGADO.

SEÑALES DE LOS TIEMPOS

Las señales de los últimos tiempos son las vallas publicitarias del cielo anunciando la aparición y la segunda venida de Jesús. En este capítulo, revisaremos las señales proféticas escritas en los libros de Daniel, Mateo, Lucas y 1 Timoteo. Estas señales no son necesariamente los únicos indicadores de los últimos días, pero son los más significativos. Aunque hemos explorado algunas de estas señales en capítulos anteriores, también las he incluido aquí para que podamos entender el alcance de las advertencias divinas. Dios nos está hablando, y debemos responder a Su palabra profética.

EL ENGAÑO

En Mateo 24, Jesús advierte a los creyentes cuatro veces que no se dejen engañar: *"Respondiendo Jesús, les dijo: Mirad que nadie os engañe.*

Porque vendrán muchos en mi nombre, diciendo: Yo soy el Cristo; y a muchos engañarán" (Mateo 24:4–5). *"Y muchos falsos profetas se levantarán, y engañarán a muchos"* (verso 11). *"Porque se levantarán falsos Cristos, y falsos profetas, y harán grandes señales y prodigios, de tal manera que engañarán, si fuere posible, aun a los escogidos"* (verso 24).

La señal de engaño de los últimos tiempos es muy evidente hoy en día. El engaño es el espíritu de esta época. Incluso en la iglesia, muchas personas están siendo engañadas por falsos evangelios y promesas vacías, y se están alejando de la fe.

El engaño es una perversión de la verdad. Un estudio de Barna observa cómo las creencias de los americanos identificados como "cristianos practicantes" se han visto afectadas por otras visiones del mundo, como la Nueva Espiritualidad (uno de cuyos puntos de vista es que "todas las personas oren a un mismo dios o espíritu, sin importar el nombre que usen para ese ser espiritual"), el postmodernismo, el marxismo y el secularismo. Entre los encuestados, "61% está de acuerdo con ideas arraigadas en la Nueva Espiritualidad, 54% responde a ideas postmodernistas, 36% acepta ideas asociadas con el marxismo, y 29% cree en ideas basadas en el secularismo".[41]

En la cultura moderna, es fácil verse envuelto en ideologías que contradicen las Escrituras, a menos que sopesemos cuidadosamente estas ideas con la sana doctrina bíblica. Excepto por el remanente de creyentes que permanecerán velando y orando, todos serán engañados por el diablo y aceptarán sus mentiras. No podemos ser engañados a menos que creamos una mentira. El engaño ocurre cuando ignoramos o rechazamos la verdad.

Pablo tuvo cuidado de enseñar a los cristianos la verdad en Cristo Jesús y de advertirles que se aferraran a lo que se les había enseñado. Por eso le escribió a Timoteo: *"Retén la forma de las sanas palabras que de mí oíste, en la fe y amor que es en Cristo Jesús"* (2 Timoteo 1:13). Y a

---

41. "Competing Worldviews Influence Today's Christians," Barna Group, May 9, 2017, https://www.barna.com/research/competing-worldviews-influence-todays-christians/. Nota: los cristianos practicantes se definen como aquellos que "van a la iglesia al menos una vez al mes y consideran su fe muy importante en su vida".

los tesalonicenses les escribió diciendo: *"Vosotros sois testigos, y Dios también, de cuán santa, justa e irreprensiblemente nos comportamos con vosotros los creyentes; así como también sabéis de qué modo, como el padre a sus hijos, exhortábamos y consolábamos a cada uno de vosotros"* (1 Tesalonicenses 2:10–11).

En el capítulo 4 señalamos otras graves distorsiones al verdadero evangelio. Una de esas distorsiones es la creencia de que alguien puede ir al cielo aunque siga viviendo en pecado. Si usted mantiene esa creencia, está engañado. Esa idea es una perversión de las verdades de que Dios es misericordioso y que Jesús entiende nuestras debilidades. La verdad es que sólo iremos al cielo si nos arrepentimos de nuestro pecado, nos apartamos de nuestras maldades y llevamos una vida santa. También discutimos la falsa creencia de la teología de la "súper gracia", que afirma que una vez que uno es salvo, es imposible perder la salvación o apartarse de Dios. Es cierto que somos salvos por gracia y que nuestra salvación es eterna porque Jesús pagó la pena máxima y final por nuestro pecado en la cruz. Sin embargo, es posible rechazar esa salvación al ignorar el precio que Jesús pagó y por vivir de la manera que queramos, sin dejar que Dios nos transforme. Si es cristiano, usted debe "[producir]...*frutos dignos de arrepentimiento"* (Mateo 3:8 RVR95).

NO PODEMOS SER ENGAÑADOS A MENOS QUE CREAMOS UNA MENTIRA. EL ENGAÑO OCURRE CUANDO RECHAZAMOS LA VERDAD.

LOS FALSOS PROFETAS

"Porque vendrán muchos en mi nombre, diciendo: Yo soy el Cristo; y a muchos engañarán...Y muchos falsos profetas se levantarán, y engañarán a muchos" (Mateo 24:5, 11). Un falso profeta es alguien que tiene un

espíritu de suplantación, engaño o pretensión. A lo largo de la historia han surgido muchos falsos profetas y falsos mesías, que han engañado a numerosas personas, y veremos más falsificaciones de este tipo en los últimos tiempos. Los siguientes son algunos ejemplos.

En la edición de agosto de 2017 de *National Geographic*, el periodista y fotógrafo Jonás Bendiksen describe cómo se propuso descubrir, conocer y entrevistar a personas que se han proclamado a sí mismas como el Mesías o la "Segunda Venida de Cristo" para estudiar sus doctrinas y conocer a sus discípulos. En su artículo, Bendiksen informa sobre sus encuentros con cinco de esos "Cristos". El primero es un hombre en Brasil conocido como "INRI Cristo". El segundo es un hombre en Eshowe, Sudáfrica, conocido como "El Rey de Reyes, el Señor de Señores, Jesús". El tercero es un hombre de los bosques de Siberia que se llama "Vissarion" o "El Cristo de Siberia". Este individuo tiene por lo menos cinco mil seguidores que viven juntos e incluso han construido su propia sociedad, incluyendo escuelas e iglesias. El cuarto es un hombre que vive en Zambia. Tiene varios nombres, incluyendo "Jesús de Kitwe" y "Padre Roca del Mundo", pero sus discípulos lo llaman "Jesús". El último autoproclamado mesías fue un hombre (ya fallecido) en Japón que se llamaba a sí mismo "Jesús Matayoshi" o "El único Dios verdadero". Hacía campaña para un escaño en el parlamento japonés con el objetivo de convertirse en secretario general de las Naciones Unidas e "instituir la voluntad de Dios en la tierra".[42]

Si usted se encuentra con cualquier persona que diga ser el Mesías, recuerde que Jesucristo dijo: *"Yo soy el camino, y la verdad, y la vida; nadie viene al Padre, sino por mí"* (Juan 14:6). Cuando el verdadero Jesús aparezca por Su remanente, será una aparición rápida, como un rayo. Y cuando regrese en Su segunda venida, todos en la tierra lo verán y lo reconocerán. No sólo tendrá grupos de seguidores aquí y allá en el mundo. Estén seguros de saber lo que Jesús ha dicho sobre Su regreso para no ser engañados.

---

42. Jonás Bendiksen, "Meet Five Men Who All Think They're the Messiah", *National Geographic*, July 2017, https://www.nationalgeographic.com/magazine/2017/08/new-messiahs-jesus-christ-second-coming-photos/.

GUERRAS Y RUMORES DE GUERRAS

"*Y oiréis de guerras y rumores de guerras; mirad que no os turbéis, porque es necesario que todo esto acontezca; pero aún no es el fin*" (Mateo 24:6). "*Y cuando oigáis de guerras y de sediciones, no os alarméis; porque es necesario que estas cosas acontezcan primero; pero el fin no será inmediatamente*" (Lucas 21:9). A lo largo de los siglos, las guerras se han librado por varias razones: para obtener dominio, territorios y recursos; para obligar a otros a someterse a una determinada ideología o religión; y mucho más. Hacer la guerra es costoso, de muchas maneras. Las guerras dejan tras de sí muerte, déficit, pobreza, enfermedad y destrucción material.

Hoy en día, a través de los medios de comunicación, recibimos frecuentes informes sobre conflictos en todo el mundo, así como rumores de conflictos. Tales enfrentamientos son una señal de los últimos tiempos. El sitio web "Wars in the World" (Guerras en el mundo) proporciona una lista de los conflictos actuales. Al momento de escribir este artículo, sólo en 30 países de África hay 274 conflictos. Estos representan choques étnicos, conflictos armados frecuentes entre musulmanes y cristianos, guerra contra grupos rebeldes, guerras civiles en Libia, guerras contra militantes islámicos en Nigeria y Somalia, y mucho más. En dieciséis países de Asia hay 183 conflictos en los que intervienen grupos de milicias, guerrillas, terroristas, separatistas o anarquistas. Los puntos más conflictivos son Afganistán, Birmania-Myanmar, Pakistán, Filipinas y Tailandia.

En Europa, diez países están envueltos en 82 conflictos. Algunos de los peores combates se producen en la Federación Rusa (Chechenia y Daguestán) y en Ucrania. En Oriente Medio, entre siete países hay 261 conflictos, siendo los lugares más calientes Iraq, Israel, Siria y Yemen. En América, entre siete países hay 32 conflictos en los que participan grupos de carteles de la droga, terroristas, separatistas y anarquistas. Los puntos calientes son Colombia y México. En total, hay 69 países inmersos en conflictos que involucran a 839 grupos.[43]

---

43. "List of Ongoing Conflicts," Wars in the World, May 29, 2020, https://www.warsintheworld.com/?page=static1258254223.

NACIÓN CONTRA NACIÓN

"Porque se levantará nación contra nación, y reino contra reino" (Mateo 24:7). La palabra griega traducida *"nación"* aquí es *ethnos*, uno de cuyos significados es "una tribu, raza o grupo de personas". Es el mismo término del que deriva la palabra inglesa "ethnic". Jesús dijo que, en los últimos tiempos, veríamos razas y grupos étnicos en conflicto entre sí. Hoy en día, estamos viendo enfrentamientos entre negros y blancos, blancos y asiáticos, asiáticos y negros, hispanos y otros hispanos, hindúes y musulmanes, chiitas y sunitas, árabes y judíos, y varios grupos más. Muchos de los conflictos que llevan a la guerra son el resultado de la animosidad racial. En estos últimos días, estamos obligados a ver cómo aumenta cada vez más el racismo alrededor del mundo.

> **JESÚS INDICÓ QUE EN LOS ÚLTIMOS TIEMPOS, VERÍAMOS RAZAS Y GRUPOS ÉTNICOS EN CONFLICTO UNOS CON OTROS.**

HAMBRUNA Y PESTILENCIA

"Y habrá pestes, y hambres, y terremotos en diferentes lugares" (Mateo 24:7). *"Y habrá…hambres y pestilencias; y habrá terror y grandes señales del cielo"* (Lucas 21:11). Las Naciones Unidas usan los siguientes criterios para definir la hambruna: "Por lo menos 20% de los hogares de una zona enfrentan una escasez extrema de alimentos con una capacidad limitada para hacer frente a ella; las tasas de malnutrición aguda superan el 30%; y la tasa de mortalidad es mayor a dos personas diarias por cada 10.000 habitantes".[44]

---

44. "When a Food Security Crisis Becomes a Famine," UN News, July 21, 2011, https://news.un.org/en/story/2011/07/382342-when-food-security-crisis-becomes-famine.

¿Cuáles son las causas de la hambruna? Una organización sin fines de lucro enfocada en la pobreza mundial explica que "la hambruna se parece a la falta de alimentos, y la mayoría de la gente piensa que es causada por una sequía, una guerra o un brote de enfermedades…Pero las hambrunas suelen ser causadas por múltiples factores, a los que se suman las decisiones políticas deficientes (o incluso intencionalmente malas) que hacen que la gente sea vulnerable".[45]

El informe de las Naciones Unidas sobre el hambre, de julio de 2019, estima que 820 millones de personas no tienen suficiente para comer. Eso significa que una de cada nueve personas en el mundo sufre de hambre. Este fue el tercer año consecutivo en que el número de hambrientos aumentó. En 2018, el número era de 811 millones.[46] Por lo tanto, parece haber una nueva tendencia en la que, después de años de disminución, el hambre en el mundo está aumentando. Y esta evaluación se dio antes de la emergencia del COVID-19. Con todas las repercusiones de esa enfermedad, "la crisis económica y la interrupción del suministro de alimentos podría empujar a otros 500 millones de personas a la pobreza".[47]

Debemos estar conscientes de que, en los días finales, una hambruna tan grande vendrá a la tierra, la cual requerirá la misma unción de sabiduría que Dios le dio a José en el Antiguo Testamento. José recibió una revelación de la inminente hambruna y fue capaz de poner en práctica un plan para abastecer de grano a la nación de Egipto y a muchas zonas circundantes durante ese angustioso tiempo. Ese plan incluso preservó de la inanición a la línea sanguínea del Mesías. José proveyó de grano y refugio a su padre, Jacob, y a todos sus hermanos, incluyendo a Judá. Debido a que la hambruna es una señal los últimos tiempos, debemos reconocer que hay una estrategia demoníaca detrás de ella, que

45. Chris Hufstader, "What Is Famine, and How Can We Stop It?" May 14, 2020, https://www.oxfamamerica.org/explore/stories/what-is-famine-and-how-can-we-stop-it/.
46. "Over 820 Million People Suffering from Hunger; New UN Report Reveals Stubborn Realities of 'Immense' Global Challenge," UN News, July 15, 2019, https://news.un.org/en/story/2019/07/1042411.
47. Hufstader, "What Is Famine?"

está diseñada para robar almas del reino haciendo que la gente muera prematuramente.

Existe una fuerte conexión entre la hambruna y la sequía, y hemos observado que los patrones climáticos en todo el mundo se están volviendo más severos. Lo que estamos experimentando con los huracanes, los tornados, las olas de calor, las fuertes nevadas, los fenómenos El Niño y La Niña son clara evidencia de que se está produciendo un cambio climático. Nunca ha habido temperaturas tan extremadamente altas o bajas, ni tantos huracanes con vientos de altísima velocidad. Jesús obviamente anticipó este desarrollo: *"Entonces habrá señales en el sol, en la luna y en las estrellas, y en la tierra angustia de las gentes, confundidas a causa del bramido del mar y de las olas"* (Lucas 21:25).

La Organización Meteorológica Mundial (OMM) describe el fenómeno El Niño/Oscilación del Sur como un fenómeno natural caracterizado por "la fluctuación de las temperaturas oceánicas en el Pacífico ecuatorial central y oriental, emparejados con cambios en la atmósfera", con "peligros asociados como las lluvias torrenciales, las inundaciones y la sequía".[48] Con esta descripción, no es difícil entender por qué el fenómeno se ha vuelto tan amenazador y por qué sus estragos crecerán en los años venideros.

Además de *"hambres"*, Lucas 21:11 habla de *"pestilencias"*. Incluidas bajo este término estarían las epidemias y enfermedades que afectan a la sociedad a lo largo del tiempo. Cada año, la Organización Mundial de la Salud informa sobre brotes de epidemias que se producen en todo el mundo. Sólo en 2019, la organización informó de 111 brotes de diversas enfermedades, como el hantavirus, el sarampión, el Ébola, la fiebre amarilla, la poliomielitis, el dengue, el virus Zika y una epidemia de insectos carnívoros, entre tantas otras. En 2018, hubo 91 brotes. En 2017, hubo 98. En un período de diez años hemos visto un total de 1,159 brotes de enfermedades graves, muchas de ellas infecciosas y virales.[49]

---

48. "El Niño/La Niña Update," World Meteorological Organization, https://public.wmo.int/en/our-mandate/climate/el-ni%C3%B1ola-ni%C3%B1a-update.

49. Vea "Emergencies Preparedness, Response," World Health Organization, https://www.who.int/csr/don/en/.

El reciente brote de Ébola en la República Democrática del Congo ha venido ocurriendo desde 2018 y puede que finalmente esté bajo control. Ha infectado a 3,500 personas y matado a más de 2,200. El brote más mortífero de Ébola ha ocurrido en África occidental de 2014 a 2016. "Infectó y mató varias veces más personas de las que habían sido infectadas y matadas por todos los anteriores brotes de Ébola combinados".[50]

Según la Organización Mundial de la Salud, la gripe estacional o influenza, "es una grave amenaza para la salud mundial que afecta a todos los países: se estima que cada año se producen mil millones de casos, de los cuales entre 3 y 5 millones son casos graves, y de 290,000 a 650,000 resultan en muertes por causas respiratorias relacionadas con la influenza en todo el mundo".[51] Por supuesto, desde finales de 2019, el mundo se ha estado tambaleando por los devastadores y amplios efectos de la pandemia de coronavirus. A finales de junio de 2020, había 8.7 millones de casos en todo el mundo, con más de 460,000 muertes.[52] Las economías nacionales y el mercado mundial se vieron muy afectados. El Banco Mundial informó que "el pronóstico de referencia prevé una contracción del 5.2% del PIB mundial en 2020, usando las proyecciones de los tipos de cambio del mercado —la recesión mundial más severa en décadas—".[53] Entre los efectos socioeconómicos reales y potenciales figuran los desafíos en esferas como la agricultura; petróleo y aceite; manufactura; educación; finanzas; cuidado de la salud e industria farmacéutica; hostelería, turismo y aviación; bienes raíces y vivienda; deportes; sector alimentario y dinámica familiar.[54]

50. Helen Branswell, "Second Deadliest Ebola Outbreak on Record Is Days from Being Declared Over", *Stat*, June 22, 2020, https://www.statnews.com/2020/06/22/second-deadliest-ebola-outbreak-on-record-is-days-from-being-declared-over/.

51. "Global Influenza Strategy 2019–2030," World Health Organization, https://www.who.int/influenza/Global_Influenza_Strategy_2019_2030_Summary_English.pdf?ua=1.

52. "Coronavirus Disease (COVID-19) Situation Report–153," World Health Organization, June 21, 2020, https://www.who.int/docs/default-source/coronaviruse/situation-reports/20200621-covid-19-sitrep-153.

53. "The Global Economic Outlook During the COVID-19 Pandemic: A Changed World," The World Bank, June 8, 2020, https://www.worldbank.org/en/news/feature/2020/06/08/the-global-economic-outlook-during-the-covid-19-pandemic-a-changed-world.

54. Maria Nicola and others, "The Socio-Economic Implications of the Coronavirus Pandemic (COVID-19): A Review," National Center for Biotechnology Information: Elsevier Public Health Emergency Collection, June 2020, https://www.ncbi.nlm.nih.gov/pmc/articles/PMC7162753/.

¡La señal de la pestilencia definitivamente está aquí!

LOS TERREMOTOS

"*Y habrá…terremotos en diferentes lugares*" (Mateo 24:7). "*Y habrá grandes terremotos*" (Lucas 21:11). Como mencioné en el capítulo 4 de este libro, entre los años 2000 y 2019, hubo veinticuatro terremotos de 8 o más grados en la escala de Richter. No me extenderé en este tema porque ya lo hemos tratado anteriormente. Pero a medida que se acerca el momento del regreso de Jesús, podemos esperar "*grandes terremotos*" que causarán mucha destrucción.

LA PERSECUCIÓN DE LA IGLESIA

"*Entonces os entregarán a tribulación, y os matarán, y seréis aborrecidos de todas las gentes por causa de mi nombre*" (Mateo 24:9). "*Pero antes de todas estas cosas os echarán mano, y os perseguirán, y os entregarán a las sinagogas y a las cárceles, y seréis llevados ante reyes y ante gobernadores por causa de mi nombre*" (Lucas 21:12). Como mencioné antes, una señal de los últimos tiempos y de la venida del Señor por Su novia es la persecución de la iglesia. Aunque ya hemos discutido este tema con cierto detalle, es importante que entendamos lo que esto significará para los cristianos. Veremos más opresión contra los creyentes de la que nunca hemos visto, incluso en países donde tal persecución no había ocurrido en el pasado. Por ejemplo, varios gobiernos han legalizado los comportamientos pecaminosos, y han comenzado a presionar o penalizar a los cristianos si no cumplen con las nuevas leyes correspondientes. Ese tipo de persecución será más frecuente.

Como he señalado en capítulos anteriores, en algunos países, los creyentes ya están sufriendo intensa persecución. A continuación, presento algunos ejemplos adicionales. La Voz de los Mártires reportó que "nueve cristianos iraníes fueron condenados a cinco años de prisión por 'actos contra la seguridad nacional' por haber participado en una iglesia en casa en Rasht".[55] En Egipto, un tribunal condenó a un cristiano copto

---

55. "Iran: Nine Christians Sentenced to Five Year Imprisonment," Voice of the Martyrs, October 24, 2019, https://vom.com.au/iran-nine-christians-sentenced-to-five-year-imprisonment/.

a tres años de prisión. "Abdo Adel Bebawy, 43, fue acusado en julio de publicar un post en su página de Facebook que insultaba al Islam. En su post, Adel habría comparado al profeta del Islam, Mahoma, con Jesús… Después de su arresto, una turba atacó las casas de los coptos y la situación ha permanecido tensa desde entonces".[56]

Yo mismo he experimentado la persecución de falsos hermanos y líderes religiosos que rechazan al Espíritu Santo y Su obra. Además, muchos pastores están siendo arrojados a la cárcel por sus gobiernos, simplemente por predicar a Jesús y hablar contra el pecado. Otros han sido asesinados por causa de Cristo. Ore por los creyentes perseguidos en todo el mundo y manténgase firme en su fe.

LAS OFENSAS

"*Muchos tropezarán entonces, y se entregarán unos a otros, y unos a otros se aborrecerán*" (Mateo 24:10). ¿Por qué mucha gente deja sus iglesias? Una de las principales razones es porque de alguna manera fueron ofendidos. Un estudio del Grupo Barna hizo este descubrimiento sorprendente: el 61% de los que no van a la iglesia en América se autoidentifican como cristianos. Otro estudio de Barna entre adultos que no asisten a la iglesia mostró que "casi cuatro de cada diez americanos no practicantes (37%) dijeron que evitan las iglesias debido a experiencias negativas en el pasado, en las iglesias o con gente de la iglesia".[57]

Muchos creyentes han pecado contra sus hermanos cristianos o han sido heridos por ellos. Aunque el daño sea real, Dios nos llama a perdonarlos y soltar nuestro resentimiento contra ellos. Ofenderse y guardar rencor suele estar relacionado con inmadurez espiritual. Aquellos que son inmaduros a menudo se sienten rápidamente insultados. La gente puede ofenderse por asuntos muy pequeños. He visto como mucha gente abandona su fe en Cristo por una sola ofensa. ¡No quiero que usted cumpla esta profecía de los últimos tiempos convirtiéndose en

---

56. "Egypt: Facebook Post Leads to Imprisonment," Voice of the Martyrs, December 19, 2018, https://vom.com.au/egypt-facebook-post-leads-to-three-years-imprisonment/.
57. "Millions of Unchurched Adults Are Christians Hurt by Churches but Can Be Healed of the Pain," Barna Group, April 12, 2010, https://www.barna.com/research/millions-of-unchurched-adults-are-christians-hurt-by-churches-but-can-be-healed-of-the-pain/.

uno de los *"muchos* [que] *tropezarán,"* o se ofenderán! Desarrolle madurez espiritual y no deje que la ofensa le robe su herencia como hijo de Dios cuando Cristo venga. Necesita perdonar a cualquiera que lo haya ofendido y superar el dolor, porque si guarda una ofensa en su corazón no será llevado al cielo en el rapto. Si alguien le ha hecho daño, éste es el momento de perdonarlo y soltar toda amargura.

> **NO PERMITA QUE LA OFENSA LE ROBE SU HERENCIA COMO HIJO DE DIOS CUANDO CRISTO VENGA.**

LA ANARQUÍA O INIQUIDAD

"Y por haberse multiplicado la maldad, el amor de muchos se enfriará" (Mateo 24:12). La anarquía equivale a la rebelión, y la rebelión es una marca del espíritu del anticristo. Nuestra generación se caracteriza por tal anarquismo, especialmente entre los jóvenes. Hay gente que no quiere someterse a ninguna forma de autoridad. Para ellos, la ley —ya sea la ley humana o la divina— significa control, y en consecuencia desafían la ley. Ese rechazo de los parámetros morales, en última instancia los lleva a rechazar incluso a Dios.

A veces, las leyes humanas pueden ser anárquicas. Como he señalado anteriormente, en muchos países, los comportamientos pecaminosos han sido legalizados. Por ejemplo, el aborto y el matrimonio entre personas del mismo sexo están permitidos. En las escuelas públicas, se enseña a los niños educación sexual promoviendo la idea de que la homosexualidad es aceptable. Por favor, no malinterprete lo que estoy diciendo. Amo a todas las personas, incluso a los homosexuales, lesbianas y mujeres que han abortado. ¡Dios los ama! Pero eso no significa que Él ama los pecados que han cometido. Lo mismo es cierto para todos nosotros. Sólo el Espíritu de Dios puede revelarle a la gente sus pecados y llevarlos a arrepentirse para que puedan ser perdonados, liberados y que puedan vivir como Dios los creó. Por lo tanto, debemos esforzarnos por llevar a otros a Cristo.

EL AMOR SE ENFRÍA

"Y por haberse multiplicado la maldad, el amor de muchos se enfriará" (Mateo 24:12). Esta señal de los últimos tiempos está conectada con la señal de las ofensas. Conozco mucha gente que solía estar en fuego por Dios, le servían fielmente, pero ahora se han alejado del Señor. Algunas de esas personas vieron tanto pecado, maldad y comportamiento hipócrita dentro de la iglesia que se rindieron y se fueron. Otros fueron traicionados o rechazados por otra persona, y como resultado, se desilusionaron y se amargaron. En ambas situaciones, el amor de los individuos por Dios y otras personas se enfrió. Abandonaron su relación con el Padre y comenzaron a vivir de acuerdo con los valores del mundo. El amor de otros se enfrió porque no supieron cultivar su relación con Dios o no tomaron tiempo para hacerlo. Nunca aprendieron a velar y orar. Mientras lee este libro, si usted se está desviando de su fe, el Espíritu Santo le estará llamando a volver a Cristo, su *"primer amor"* (Apocalipsis 2:4). Ninguno de nosotros tiene excusa para dejar que el comportamiento negativo de los demás pueda influenciarnos, permitiendo que sus errores o malas acciones nos hagan abandonar nuestra entrega a Dios. ¡No se convierta en una estadística más! Regrese al Señor de todo corazón y deje que Su amor y presencia lo llene de nuevo.

LA PREDICACIÓN DEL EVANGELIO EN TODO EL MUNDO

"Y será predicado este evangelio del reino en todo el mundo, para testimonio a todas las naciones; y entonces vendrá el fin" (Mateo 24:14). En el capítulo anterior, hablé del evangelio siendo predicado a todo el mundo como la señal principal de la segunda venida de Jesús, la última señal que indica el fin de la era. Tampoco voy a dedicar mucho tiempo a este punto, porque ya lo hemos tratado ampliamente. Sólo añadiré que si usted forma parte del remanente que prepara el camino para la aparición

de Cristo en gloria, debe participar en la evangelización mundial con un sentido de urgencia.

EL MIEDO

Jesús nos dijo que el corazón de las personas "[desfallecerá] *por el temor y la expectación de las cosas que sobrevendrán en la tierra; porque las potencias de los cielos serán conmovidas*" (Lucas 21:26). En estos tiempos finales, la creciente presencia del lado oscuro de lo sobrenatural, o lo demoníaco, hará que en la tierra muchas personas teman. Hoy en día se están produciendo atrocidades que no se habían visto antes; la maldad se ha multiplicado a tal punto que muchas personas ya no sienten paz. Una encuesta del Centro de Investigación Pew encontró que siete de cada diez adolescentes estadounidenses ven la ansiedad y la depresión como uno de los mayores problemas entre sus compañeros.[58]

Algunos países están viviendo mucha violencia y disturbios. La gente en todo el mundo está llena de miedo y pavor porque anticipan que ocurrirá un desastre, como consecuencia del calentamiento global y el cambio climático, las crisis económicas y las catástrofes, la escasez de agua o de alimentos, los actos terroristas, la violencia de los cárteles de la droga o cualquier otra cosa.

Los temores de muchas personas están basados en los problemas reales que a diario enfrentan, aunque el miedo no es la mejor respuesta a los mismos. Sin embargo, la gente también está sufriendo de aprehensiones infundadas provenientes de espíritus malignos con el malévolo plan de hacerlos desmayar de miedo. "*El ladrón no viene sino para hurtar y matar y destruir*" (Juan 10:10). Estas personas imaginan escenarios aterradores. Sufren confusión, pérdida de apetito, ataques de pánico, ansiedad, insomnio, tormento y otras enfermedades. Entonces, sus temibles reacciones ante estas amenazas imaginarias atraen aún más espíritus demoníacos.

---

58. Juliana Menasce Horowitz and Nikki Graf, "Most U.S. Teens See Anxiety and Depression as a Major Problem Among Their Peers," Pew Research Center, February 20, 2019, https://www.pewsocialtrends.org/2019/02/20/most-u-s-teens-see-anxiety-and-depression-as-a-major-problem-among-their-peers/.

Cualesquiera que sean las ansiedades a las que se enfrente, recuerde que Dios es más grande que todos nuestros miedos y que el miedo no viene de Él. *"Porque no nos ha dado Dios espíritu de cobardía, sino de poder, de amor y de dominio propio"* (2 Timoteo 1:7).

EL AUMENTO DEL CONOCIMIENTO

"Pero tú, Daniel, cierra las palabras y sella el libro hasta el tiempo del fin. Muchos correrán de aquí para allá, y la ciencia se aumentará" (Daniel 12:4). Como mencioné anteriormente, otra señal de los últimos tiempos es el vasto incremento del conocimiento, que traerá desarrollos tecnológicos que estarán entre los mayores avances. El sitio web Industry Tap publicó un artículo sobre la "curva de duplicación del conocimiento", un término acuñado por el arquitecto y futurista Buckminster Fuller. Fuller "notó que hasta 1900 el conocimiento humano se duplicaba casi cada siglo. Sin embargo, a finales de la Segunda Guerra Mundial el conocimiento empezó a duplicarse cada 25 años". Para 2013, el conocimiento se duplicaba aproximadamente cada trece meses. Según IBM, dentro de poco, ¡el conocimiento se duplicará cada doce horas![59]

Es notorio cómo Dios ha permitido un aumento en el conocimiento y el descubrimiento científico durante el último siglo para facilitar la predicación del evangelio por todo el mundo a través de varios medios electrónicos: radio, televisión, teléfonos celulares, computadoras, tabletas, etc. Sin embargo, el aumento del conocimiento también ha llevado a los seres humanos a ser arrogantes, llegando a la conclusión de que son autosuficientes y no necesitan a Dios, o que Él ni siquiera existe. A veces, cuanto más educadas son las personas, más razones encuentran para no creer en Dios. El deseo de conocimiento, independiente del Creador, es lo que llevó a la caída de la humanidad. El diablo tentó a Adán y Eva para que desobedecieran a Dios y comieran del Árbol del Conocimiento del Bien y del Mal, diciendo: *"Seréis como Dios, sabiendo el bien y el mal"* (Génesis 3:5). Desde entonces, la

---

59. David Russell Schilling, "Knowledge Doubling Every 12 Months, Soon to Be Every 12 Hours", Industry Tap, April 19, 2013, http://www.industrytap.com/knowledge-doubling-every-12-months-soon-to-be-every-12-hours/3950.

humanidad no ha sido capaz de manejar el poder del conocimiento sin alejarse de su Creador. Por lo tanto, a medida que el conocimiento aumenta en el mundo, veremos que la gente se vuelve menos dependiente de Dios.

El conocimiento en sí mismo no es malo. Lo que es malo es dejarnos engañar acerca de nuestra supuesta autonomía hasta el punto de negar a nuestro Creador, que es la piedra angular de todo conocimiento. El conocimiento de Dios supera la razón humana. No importa a qué altura del logro científico podamos llegar, nuestro intelecto continuará siendo inferior a la mente de Dios, la cual contiene todos los secretos de la vida natural y sobrenatural.

Debemos poner completamente nuestra fe en Dios. No podemos confiar en el mero conocimiento humano si vamos a enfrentar los eventos sobrenaturales que se ciernen sobre esta generación. Para ayudarnos en estos tiempos finales, incluso mientras el conocimiento humano aumenta, Dios está liberando conocimiento revelado en la iglesia como nunca antes. Estamos viviendo en un período de revelación. Estos son los días en que nuestra revelación debe ser mayor que nuestra educación.

El último libro de la Biblia se llama *Apocalipsis*. La palabra griega *apokalypsis*, se traduce como "*revelación*" y significa también "aparecer, venir, iluminar, manifestar, ser revelado o revelación". Busque a Dios y reciba la revelación que Él está impartiendo a la iglesia en estos últimos días.

POR GRANDE QUE PAREZCA, EL CONOCIMIENTO HUMANO ES NATURAL Y LIMITADO. EL CONOCIMIENTO DE DIOS ES SOBRENATURAL E ILIMITADO.

EL ACORTAMIENTO DEL TIEMPO

"Y si aquellos días no fuesen acortados, nadie sería salvo; más por causa de los escogidos, aquellos días serán acortados" (Mateo 24:22). Recuerde que, en los tiempos finales, un año se sentirá como un mes, un mes como una semana, una semana como un día, una hora como un minuto, y un minuto como un segundo. Aunque tenemos los mismos siete días en una semana y los mismos doce meses en un año, estamos experimentando una innegable aceleración del tiempo. La razón por la que el tiempo se ha acortado es por el bien del remanente; porque Dios ama a Sus elegidos y quiere reunirlos para Sí. No quiere que su esperanza se debilite y se pierda. Mientras que, en cierto sentido, el tiempo pasa muy rápido, el Señor también está frenando el fin de la era porque está esperando para salvar a aquellos que todavía creen en Él.

> *Mas, oh amados, no ignoréis esto: que para con el Señor un día es como mil años, y mil años como un día. El Señor no retarda su promesa, según algunos la tienen por tardanza, sino que es paciente para con nosotros, no queriendo que ninguno perezca, sino que todos procedan al arrepentimiento. Pero el día del Señor vendrá como ladrón en la noche; en el cual los cielos pasarán con grande estruendo, y los elementos ardiendo serán deshechos, y la tierra y las obras que en ella hay serán quemadas.* (2 Pedro 3:8–10)

Sin embargo, se acerca el día en que el tiempo ya no existirá. En Apocalipsis 10, Juan escribió que vio a un ángel fuerte que *"juró por el que vive por los siglos de los siglos, que creó el cielo y las cosas que están en él, y la tierra y las cosas que están en ella, y el mar y las cosas que están en él, que el tiempo no sería más"* (Apocalipsis 10:6).

Independientemente de quién usted sea, debe admitir que percibe esta aceleración del tiempo. Sólo recuerde que es Dios quien lo está haciendo porque nos ama. Si quiere servir a Dios, hágalo ahora. Si quiere consagrarse y comprometerse a Él, ¡hágalo ahora!

EL RENACIMIENTO DE LA NACIÓN DE ISRAEL

"También les dijo una parábola: Mirad la higuera y todos los árboles. Cuando ya brotan, viéndolo, sabéis por vosotros mismos que el verano está ya cerca" (Lucas 21:29–30). Una vez más, el renacimiento de la nación de Israel es uno de los mayores signos del inminente retorno de Jesús, tanto para la iglesia como para el mundo. Sin la restauración de Israel, las promesas proféticas están incompletas. Dios le dio a Israel un tiempo determinado para convertirse en una nación. Renació durante un período que aún podemos considerar como nuestra generación. Por lo tanto, una de las señales más claras e indispensables de la venida del Hijo de Dios se ha cumplido en nuestro tiempo.

Este hecho debe servir de advertencia a los países que quieren dividir el territorio de Israel. Los gobiernos o naciones que traten de hacerlo serán maldecidos, ya que la restauración de Israel como nación es un acto divino, no humano. En su informe por correo electrónico del 13 de noviembre de 2019, Cristianos Unidos por Israel (CUFI) declaró que más de trescientos misiles fueron lanzaron contra Israel en menos de una semana. Esto ocurrió después que Israel eliminó a un líder terrorista responsable de la mayor actividad terrorista, que incluía misiles, francotiradores y aviones teledirigidos, procedentes de la Franja de Gaza (la Yihad Islámica de Palestina) y cuyo objetivo eran israelíes inocentes. Este es sólo un ejemplo del continuo ataque que ha experimentado la nación elegida por Dios. ¡Pero nada puede destruir lo que Dios ha hecho!

LA APOSTASÍA

"Pero el Espíritu dice claramente que en los postreros tiempos algunos apostatarán de la fe, escuchando a espíritus engañadores y a doctrinas de demonios" (1 Timoteo 4:1). *"Nadie os engañe en ninguna manera; porque no vendrá sin que antes venga la apostasía, y se manifieste el hombre de pecado, el hijo de perdición"* (2 Tesalonicenses 2:3). La palabra griega *apostasía* significa "alejarse", pero también puede significar "desertar de la verdad" o "abandonar". Ser un apóstata es desasociarse de la fe o renunciar a ella.

Las Escrituras nos advierten sobre la apostasía en los últimos días, y trágicamente, veremos un aumento en el número de personas que se apartan de la fe. Si alguna generación ha tenido la apostasía al frente, es la nuestra. Esto no debería sorprendernos, sino alertarnos acerca de una señal más del fin de los tiempos. Sabemos que estamos viviendo en medio de una creciente apostasía porque hoy en día está de moda estar del lado de lo que la cultura dominante dice que es la verdad, para ir con la corriente colectiva, en lugar de mantenernos fuertes y del lado de la verdad en Cristo. Vivimos tiempos en los que muchas personas en la iglesia están renunciando a su fe en Jesús, a lo sobrenatural, a la cruz, al Espíritu Santo y al poder de Dios, porque han decidido escuchar espíritus engañadores y otras doctrinas demoníacas.

LA APOSTASÍA COMIENZA EN UNA PERSONA CUANDO RECHAZA LA VERDAD. ENTONCES, DIOS LA ENTREGA A UN ESPÍRITU DE ENGAÑO.

Cuando la gente renuncia a su fe en Cristo y blasfema, o habla mal contra el Espíritu Santo, comete un pecado que no puede ser perdonado.

De cierto os digo que todos los pecados serán perdonados a los hijos de los hombres, y las blasfemias cualesquiera que sean; pero cualquiera que blasfeme contra el Espíritu Santo, no tiene jamás perdón, sino que es reo de juicio eterno. (Marcos 3:28–29)

Porque es imposible que los que una vez fueron iluminados y gustaron del don celestial, y fueron hechos partícipes del Espíritu Santo, y asimismo gustaron de la buena palabra de Dios y los poderes del siglo venidero, y recayeron, sean otra vez renovados para arrepentimiento,

crucificando de nuevo para sí mismos al Hijo de Dios y exponién-
dole a vituperio.   (Hebreos 6:4–6)

LA PERPLEJIDAD

"Entonces habrá señales en el sol, en la luna y en las estrellas, y en la
tierra angustia de las gentes, confundidas [perplejas] *a causa del bramido*
del mar y de las olas" (Lucas 21:25). La palabra griega traducida como
"confundidas" o perplejas, significa "un estado de confusión o dilema". La
gente se siente perpleja cuando piensa que no hay manera de salir de sus
problemas.

Lidiar con un estado de perplejidad es una clara señal del final de
los tiempos de los cuales somos testigos de primera mano. No es sólo
algo que oímos que le está pasando a la gente en otras partes del mundo.
Ante nuestros ojos vemos gente confundida y desconcertada sobre cómo
afrontar los difíciles problemas personales y sociales. Como hemos discutido, en la tierra están ocurriendo eventos para los cuales nadie tiene
una respuesta o una salida. La gente del mundo no sabrá qué hacer con
los problemas que experimentará a nivel mundial y en sus comunidades.
Los gobiernos buscarán soluciones a las preocupaciones ambientales, la
pobreza, las crisis económicas y más, pero no encontrarán respuestas;
tampoco las encontrarán las organizaciones de ayuda ni los científicos.
Sólo Dios tiene las soluciones. Por lo tanto, la iglesia remanente debe
estar preparada para recibir y proporcionar las respuestas de Dios a las
situaciones imposibles que estamos experimentando hoy en día.

LOS SACUDIMIENTOS

"Inmediatamente después de la tribulación de aquellos días, el sol se oscu-
recerá, y la luna no dará su resplandor, y las estrellas caerán del cielo, y las
potencias de los cielos serán conmovidas" (Mateo 24:29). No me extenderé
sobre este punto aquí, debido a que ya lo hemos estudiado en detalle en
capítulos anteriores. Sólo les recordaré que Dios usará estos tiempos de
sacudimiento para purificar a la novia remanente para la aparición de
Su Hijo.

CÓMO PREPARARSE PARA LOS ÚLTIMOS TIEMPOS

Estos no son tiempos en los que debamos depender de nuestras propias fuerzas, inteligencia, conocimiento o habilidades naturales. La única manera de estar preparados para lo que está pasando y lo que vendrá es mantener dos posiciones vitales: 1) "velar y orar" y 2) perseverar. Sólo así nuestros ojos espirituales podrán ver lo que viene y nuestros espíritus estarán listos para recibir la sabiduría del Espíritu Santo, para guiarnos a un buen fin en medio de cualquier tormenta de los últimos tiempos.

VELAR Y ORAR

Velad y orad, para que no entréis en tentación; el espíritu a la verdad está dispuesto, pero la carne es débil. (Mateo 26:41)

Mirad, velad y orad; porque no sabéis cuándo será el tiempo. Es como el hombre que yéndose lejos, dejó su casa, y dio autoridad a sus siervos, y a cada uno su obra, y al portero mandó que velase. Velad, pues, porque no sabéis cuándo vendrá el señor de la casa; si al anochecer, o a la medianoche, o al canto del gallo, o a la mañana; para que cuando venga de repente, no os halle durmiendo. Y lo que a vosotros digo, a todos lo digo: Velad. (Marcos 13:33–37)

Velad, pues, en todo tiempo orando que seáis tenidos por dignos de escapar de todas estas cosas que vendrán, y de estar en pie delante del Hijo del Hombre. (Lucas 21:36)

Acuérdate, pues, de lo que has recibido y oído; y guárdalo, y arrepiéntete. Pues si no velas, vendré sobre ti como ladrón, y no sabrás a qué hora vendré sobre ti. (Apocalipsis 3:3)

A lo largo de Su ministerio, Jesús repitió la advertencia "velar y orar". Velar significa estar alerta, despierto, vigilante, todo el tiempo, para que podamos orar sobre lo que percibimos en el ámbito espiritual. No podemos orar adecuadamente si tenemos un espíritu dormido. Es decir, si oramos, pero nuestro espíritu no está velando, nuestras oraciones se basarán en nuestra vista y entendimiento naturales, y serán ineficaces. Sólo si estamos velando, sólo si nuestro espíritu está alerta, atento y conectado al Espíritu de Dios, podremos mantener nuestras lámparas llenas de aceite y estar listos cuando el novio venga por Su novia.

Recuerde, ¡en estos tiempos finales, se han abierto nuevos portales espirituales en la tierra! Hay una actividad espiritual que tiene lugar en todo el mundo, y si su conocimiento y comprensión espiritual no progresa, usted no será capaz de reconocer o comprender lo que está ocurriendo. Debido a la apertura de esos portales, el tiempo se acortará aún más, ¡así que debe velar y orar!

> **DEBIDO A LA APERTURA DE NUEVOS PORTALES ESPIRITUALES, EL DERRAMAMIENTO DEL ESPÍRITU HARÁ QUE LAS SEÑALES DEL REGRESO DE JESÚS SE INTENSIFIQUEN Y AUMENTEN.**

PERSEVERAR

"*Mas el que persevere hasta el fin, éste será salvo*" (Mateo 24:13). En otras palabras, Jesús está diciendo, "El que persevere en su fe en Mí será salvo". Este verso no se ajusta a la doctrina de "una vez salvo, siempre salvo". Hay una razón por la que resulta peligroso seguir esa falsa creencia. Jesús nos dice que en medio de todas las señales de los últimos tiempos que están ocurriendo, no podemos dejarnos derrotar o desviar del camino que el Señor nos ha marcado hasta que Él regrese. Debemos perseverar hasta el final.

En la mente de Dios, no importa dónde estuvimos el año pasado o incluso la semana pasada. Lo que importa es dónde estamos hoy. *"Con vuestra paciencia ganaréis vuestras almas"* (Lucas 21:19). Pudimos haber sido fieles durante toda nuestra vida hasta este momento, pero si no seguimos en Dios hoy, si dejamos de perseverar, no "ganaremos nuestras almas". El día que fuimos salvos, nuestros nombres fueron escritos en el Libro de la Vida. Sin embargo, la Biblia dice que algunos nombres serán borrados de ese libro. *"El que venciere será vestido de vestiduras blancas; y no borraré su nombre del libro de la vida, y confesaré su nombre delante de mi Padre, y delante de sus ángeles"* (Apocalipsis 3:5). Si un nombre puede ser borrado, es porque primero fue escrito; esto demuestra que la salvación es algo que podemos perder si no la mantenemos fielmente, confiando que Dios nos sostendrá. Esta es una carrera de resistencia; no se trata tanto de cómo empezamos, ni siquiera de lo rápido que corremos, sino más bien de la forma cómo terminamos. ¡Mantengamos el rumbo!

¡ESTÉN PREPARADOS!

A medida que concluyan los últimos tiempos, veremos más calamidades que rompen récords tanto en la naturaleza como en la economía mundial. Habrá más violencia y apostasía. ¡Todo se intensificará! El hombre natural tratará de explicar estos eventos a través de la ciencia y la lógica, pero debemos entender que las señales se fortalecerán y serán más frecuentes debido a los movimientos espirituales que están marcando los últimos tiempos. Lo más importante es que usted esté preparado para poder perseverar hasta el final.

Por lo tanto, ¡velemos y oremos para no caer en tentación y, sobre todo, para estar atentos a la venida de Cristo! Seamos parte del remanente que está sin *"mancha ni arruga"* (Efesios 5:27), completamente vestidos (vea Apocalipsis 3:18), con nuestras lámparas continuamente llenas de aceite (vea Mateo 25:1–13). ¡Perseveremos hasta el final, hasta que alcancemos la plenitud de nuestra salvación! ¡Cristo viene pronto!

RESUMEN

+ El juicio de Dios sobre la rebelión, el pecado y el mal de la humanidad está llegando a la tierra. Las señales son claras.

+ Las señales más sorprendentes de los últimos tiempos son las siguientes:

  » El engaño, que es una perversión de la verdad (vea Mateo 24:4–5, 11, 24)

  » Los falsos profetas, aquellos que tienen un espíritu de suplantación, engaño o pretensión (vea Mateo 24:5, 11)

  » Guerras y rumores de guerra (vea Mateo 24:6; Lucas 21:9)

  » Nación que se levanta contra nación; esto se refiere a las razas y grupos étnicos en conflicto entre sí (vea Mateo 24:7)

  » Hambruna y pestilencia (vea Mateo 24:7; Lucas 21:11)

  » Terremotos (vea Mateo 24:7; Lucas 21:25)

  » Persecución de la iglesia (vea Mateo 24:9; Lucas 21:12)

  » Ofensas, como una estrategia satánica para remover a los cristianos de la iglesia remanente (vea Mateo 24:10)

  » La anarquía o iniquidad; esto equivale a rebelión y es una marca del espíritu del anticristo (vea Mateo 24:12)

  » El amor se enfría, se refiere a dejar el primer amor por Cristo debido a la desilusión, el dolor, la amargura, el egoísmo o la apatía (vea Mateo 24:12)

  » La predicación del evangelio en todo el mundo (vea Mateo 24:14)

  » El miedo, especialmente aprehensiones infundadas causadas por la creciente presencia del lado oscuro de lo sobrenatural en la tierra (vea Lucas 21:26)

  » Un aumento de conocimiento (vea Daniel 12:4)

» El acortamiento del tiempo, que es a causa del amor de Dios por Sus elegidos, para evitar que su esperanza se tambalee (vea Mateo 24:22)

» El renacimiento de la nación de Israel (vea Lucas 21:29–30)

» La apostasía (1 Timoteo 4:1)

» La perplejidad, o la sensación de que no hay salida a los problemas de uno (Lucas 21:25)

» Sacudimientos (vea Mateo 24:29)

✦ Para estar preparados para los últimos tiempos, debemos mantener dos posiciones esenciales: (1) velar y orar, y (2) perseverar.

TESTIMONIOS DE SEÑALES DE LOS ÚLTIMOS TIEMPOS

LAS REVELACIONES SOBRENATURALES DE RENNY MCLEAN

Sabemos que Dios está llamando a Su remanente a preparar el camino para la segunda venida del Señor Jesús. Entre los llamados está mi amigo, el apóstol Renny McLean, que es una voz profética de nuestros días. Él recorre el mundo proclamando el inminente clímax de los últimos tiempos, con revelaciones, milagros y manifestaciones sobrenaturales.

Renny nació en Londres. Su madre era de origen judío y su padre jamaiquino. Sin embargo, su madre se había convertido en creyente de Jesucristo, y él fue criado como cristiano. Mientras aún era joven, tuvo una experiencia en la que su espíritu fue llevado al cielo. Aquí él describe sus encuentros con Dios y sus pensamientos sobre la segunda venida.

Mi esposa, la Dra. Marina McLean, y yo fundamos el Ministerio Renny McLean, cuya misión es enriquecer y potenciar espiritualmente las vidas de todas las personas en las tres dimensiones de lo sobrenatural: la fe, la unción y la gloria de Dios. Tanto Marina como yo crecimos conociendo al Señor. Como resultado, hemos visto una transformación masiva y un impacto en nuestras vidas y en las de aquellos que nos rodean.

Mi madre era judía sefardita, pero sus padres no les transmitieron mucho de su herencia judía a sus hijos. Por lo tanto, no vengo de una educación judía ortodoxa. Sin embargo, mi madre se convirtió en una creyente en Cristo, y me crió en la iglesia. Cuando tenía catorce años, conocí a mi abuela por parte de mi madre, y ella me llevó a comprender mi herencia judía.

Mis experiencias personales en el aprendizaje de los caminos de Dios comenzaron cuando era muy joven. En abril de 1972, cuando tenía siete años, tuve un encuentro sobrenatural con Dios que llevó mi fe en una dimensión superior. Desde entonces, he visto al Señor muchas veces. Se me reveló de una manera sobrenatural, abriéndome los ojos para conocer la Biblia como Su palabra viva. ¡Tuve un encuentro con el Autor de la Escritura! A lo largo de mi vida, el Señor me ha visitado, ya sea a través de apariciones de ángeles o del propio Jesús. Dios me comisionó para levantar a la gente en Su poder y gloria y enseñarles a moverse en el poder del Espíritu.

Mientras leía el Antiguo Testamento, Dios me reveló el significado espiritual de las fiestas del Señor. Gran parte de la iglesia cree en una enseñanza tradicional sobre escatología que es errónea. Debido a que la iglesia ha reemplazado las fiestas del Señor con la enseñanza del dispensacionalismo, la mayoría de cristianos no conocen la relación entre las fiestas y las señales de los últimos tiempos. Este es el componente que falta en gran parte de la teología denominacional.

Mi revelación de la segunda venida de Cristo ha influido en mi visión de la iglesia, el mundo e Israel. Me ha llevado a entender el papel de la iglesia en el final de los tiempos y a ver todo con ojos espirituales, para estar siempre en un estado de urgencia y preparación. Debido a que la segunda venida está cerca, el verdadero estado de la iglesia y de los creyentes individuales está siendo expuesto, revelando tanto a la iglesia apóstata como a la novia remanente. Cada uno de estos grupos puede ser identificado por la medida de su conocimiento de Dios. La iglesia apóstata se ha conformado al espíritu de esta época y ha reducido su eficacia en la sociedad, mientras que el remanente tiene una pasión por el Señor y una fe inconmovible que permanece firme.

Entre las señales de los últimos tiempos, los milagros se volverán más proféticos por naturaleza y las sanidades se multiplicarán. Creo que a nivel nacional veremos milagros similares a los que se manifestaron a través de Moisés cuando se presentó ante el faraón en Egipto. Esos milagros ocurrirán si la iglesia dice la verdad con poder. *¡Maranatha!* ¡Cristo viene!

EL ENCUENTRO RADICAL DE SID ROTH CON EL MESÍAS

Sid Roth nació en los Estados Unidos en el seno de una familia judía. De joven, comenzó a perseguir su sueño de convertirse en millonario y trabajó para una de las mayores empresas de inversiones del mundo. Sin embargo, Sid tuvo un encuentro con Dios que lo cambió por completo, y se convirtió en un creyente de Jesús como el Mesías. Sid continuó creciendo en la visión que Dios le ha dado. Es el anfitrión del programa de televisión *¡Es Sobrenatural!* a fin de compartir las buenas nuevas del Mesías con el mundo, *"al judío primeramente, y también al griego"* (Romanos 1:16).[60]

Me llamo Sid Roth, y soy ciudadano de Israel y de los Estados Unidos. Cuando era niño, asistí a la sinagoga y celebré mi bar mitzvah. Cuando llegué a la edad adulta, estaba orgulloso de ser judío pero aburrido con la religión. Para ser honesto, mi dios era el dinero. Quería ser millonario a los treinta años. A los veintinueve años, me había graduado de la universidad, me había casado, tenía una hija y trabajaba como ejecutivo de cuentas de Merrill Lynch, pero me consideraba un fracasado porque todavía no era millonario.

---

60. Para saber más sobre cómo los judíos y otros están siendo alcanzados por Cristo a través del ministerio de Sid, visite https://sidroth.org/about/about-ministry/.

En el fondo, sentía un anhelo. Tenía que haber algo más en la vida… pero no lo podía hallar en la religión. Creía en un Dios que estaba tan lejos que se había vuelto irrelevante. Así que dejé a mi esposa, mi hija y mi trabajo y fui en busca de ese "algo más". Después de un año, todavía no había encontrado la respuesta, así que tomé un curso de meditación, donde me enseñaron a bajar mis ondas cerebrales y, en ese estado pasivo e hipnótico, invitar a un "consejero" dentro de mi cabeza que respondiera a todas mis preguntas.

Por esa época, quería abrir mi propio negocio de inversiones. Casi inmediatamente, un empresario me ofreció una oficina, una secretaria y un teléfono gratuito. Cuando acepté su oferta, me preguntó: "Sid, ¿sabes que tu propia Biblia judía condena cualquier implicación con lo oculto?" En la Torá me mostró Deuteronomio 18:10–12 y me dijo que el "consejero" que estaba consultando no era de Dios. Decidí averiguar si la Biblia era realmente la Palabra de Dios. Cuando empecé a leer las Escrituras, me llevé el susto de mi vida. Mi "consejero" comenzó a maldecirme. Las cosas empeoraron, y entré en la proyección astral. Aquí es donde tu espíritu abandona temporalmente tu cuerpo. En ese estado, la muerte parecía ser mi única salida.

El hombre de negocios que me había dado la oficina gratis para mi compañía de inversiones era un cristiano. Me dijo que Jesús era el Mesías, y que me ayudaría en tiempos de crisis. Me dio un librito que explicaba mi necesidad, como judío, del Mesías. Decía que antes de que el Mesías viniera, nosotros los judíos teníamos nuestros pecados cubiertos en Yom Kippur (el Día de la Expiación) a través del sacrificio de un animal en el templo. Hoy en día, no tenemos un templo para el sacrificio de animales. Pero al creer en la muerte y resurrección del Mesías, nuestros pecados serían perdonados, y recuperaríamos nuestra capacidad de conocer experimentalmente a Dios.

El librito invitaba a la gente a hacer una oración de salvación, la cual hice. En ese momento, parecía que no pasaba nada, y pensé que no "funcionaba". Pero Dios me había escuchado y cambió mi ADN espiritual. Varios días después, en la peor noche de mi vida, oré una oración de dos palabras: "¡Jesús, ayúdame!" Me fui a dormir sin querer despertarme otra vez. Pero a la mañana siguiente, supe inmediatamente que algo había cambiado. El mal dentro de mí se había ido, y ya no tenía miedo. Me sentí rodeado de amor líquido, ¡un amor tan puro! Era la presencia tangible de Dios. ¡Nunca había sentido tanta paz! Y estaba convencido de que Jesús era mi Mesías.

Entonces, escuché la voz de Dios diciéndome que me fuera a casa. Mi esposa se había vuelto agnóstica en la universidad, pero cuando le mostré las prédicas sobre Israel escritas en las Escrituras hace miles de años, ella creyó. Poco después recibió a Jesús. Mi madre pensó que sólo estaba atravesando otra fase más y que eso pasaría, pero mi padre se enfadó y me acusó de leer una Biblia cristiana, como si fuera diferente de la judía.

Toda la historia del pueblo judío, pasada, presente y futura, está en la Biblia, junto con cientos de predicciones que ya se han cumplido con exactitud. Por ejemplo, David describió la muerte del Mesías cientos de años antes de la primera crucifixión registrada. Sus palabras exactas se cumplieron mil años después cuando Jesús fue crucificado. Además, la antigüedad científica de los Rollos del Mar Muerto, en Israel, prueba que nadie incorporó las predicciones de la Biblia después que ocurrieron los hechos.

Contra toda lógica y posibilidad, durante miles de años, Dios ha preservado a los judíos como un pueblo diferente y marcado. Dios dio una gran señal, mayor que el cruce seco del Mar Rojo. Esa señal fue la nación de Israel siendo formada en un día, tal como Isaías había profetizado. El profeta Amós dijo que cuando el Señor regresara, reconstruiríamos las ciudades desoladas. Tel

Aviv es tan moderna y cosmopolita como cualquier ciudad avanzada del mundo. ¿Cómo supo Isaías, hace 2700 años, que Israel desarrollaría una tecnología que traería agua subterránea a la superficie para regar la vegetación en un desierto estéril? Hoy en día, los problemas de Jerusalén y la pequeña nación de Israel están en las noticias del mundo todo el tiempo. Y Dios todavía está trabajando en Sus propósitos para Israel y el mundo.

Al final, mi padre y mi madre aceptaron a Jesús como su Mesías y Señor. ¡Estoy tan agradecido! Hoy en día, cada miembro de mi familia inmediata cree en Jesús. Cada día, experimento la presencia de Dios, y he visto miles de milagros como resultado de orar en el nombre de Jesús. Dios quiere poner Su espíritu dentro de nosotros y darnos nuevos corazones llenos de Su amor. Algunas personas, como yo, tendrán un encuentro radical con Él cuando lleguen a creer en el Mesías. Otros aceptarán silenciosamente Su perdón por fe. Conocer a Dios es todo. Tener "todo" y no conocer a Dios es nada. Si no lo conoces antes de morir, no lo conocerás después de morir. ¡El momento de conocer a Dios y recibir a Jesús es ahora!

CAPÍTULO 6

CÓMO IDENTIFICAR LA NOVIA REMANENTE

En el capítulo 5 examinamos las descripciones de las señales de los últimos tiempos y del regreso de Jesús a partir de varios pasajes bíblicos, incluyendo Mateo 24. En este capítulo nos movemos a Mateo 25, donde Jesús delineó las virtudes de Su novia remanente. Analizando en detalle la parábola de las diez vírgenes, podemos identificar quiénes formarán parte del remanente en estos últimos días.

Para entender esta parábola, es necesario conocer ciertos antecedentes de la antigua cultura hebrea y la historia de la relación de Israel con el Señor. Después de liberar a los israelitas de la opresión en Egipto y hacer un pacto con ellos en el Monte Sinaí, Dios se refirió a Sí mismo como el marido de los israelitas. (Vea Jeremías 31:32). Hay otros pasajes del Antiguo Testamento que también usan comparaciones matrimoniales. (Vea, por ejemplo, Isaías 54:5–6; Jeremías 3:1, 8, 14).

En el Nuevo Testamento, leemos sobre las bodas entre Cristo y la iglesia. Este matrimonio aún no se ha realizado, pero se producirá en la plenitud de los tiempos. Pablo escribió, *"Por esto dejará el hombre a su padre y a su madre, y se unirá a su mujer, y los dos serán una sola carne. Grande es este misterio; más yo digo esto respecto de Cristo y de la iglesia"* (Efesios 5:31–32).

En la cultura hebrea, cuando una mujer iba a casarse, su novio tenía que darle nueve regalos. En este caso, esos regalos representan los nueve dones del Espíritu Santo, que son otorgados a la iglesia. (Vea 1 Corintios 12:4, 7–10). Si los dones espirituales no están activos en nuestras vidas, carecemos del poder del Espíritu Santo que Jesús le concede a Su novia.

Además, era común que el padre de familia seleccionara una novia para su hijo, y que luego le presentara la mujer elegida para que su hijo se casara. Un ejemplo de esta práctica la podemos ver en el Antiguo Testamento, cuando Abraham le confía a su sirviente una tarea vital: *"Irás a mi tierra y a mi parentela, y tomarás mujer para mi hijo Isaac"* (Génesis 24:4). El sirviente oró pidiendo guía, y el Señor lo llevó directamente a Rebeca, quien se convirtió en la novia de Isaac. (Vea los versículos 5–66).

El Nuevo Testamento explica que Dios el Padre es quien entrega la iglesia (la novia) a Su Hijo Jesús (el Novio Rey). En otras palabras, el Padre es quien elige a la novia. Jesús sólo reconoce a aquellos que el Padre le presenta. Jesús dijo: *"Ninguno puede venir a mí, si el Padre que me envió no le trajere; y yo le resucitaré en el día postrero"* (Juan 6:44). Por lo tanto, si alguien que el Padre no ha enviado se acerca a Jesús, Él no lo conocerá. Esta es una de las razones por las que, como veremos en breve en la parábola de las vírgenes prudentes e insensatas, Jesús les dijo a las cinco vírgenes insensatas: *"No os conozco"* (Mateo 25:12).

Así como Abraham envió a su sirviente a elegir una esposa para su hijo, el Padre celestial envía al Espíritu Santo a elegir la novia de Cristo. El Espíritu Santo elegirá para Jesús a aquellos que han sido procesados para ser el remanente. Por eso debemos tener una relación cercana con el Espíritu Santo y estar llenos de Su poder, incluso para ser considerados como candidatos a ser la novia de Cristo.

En la mayoría de bodas, los invitados vienen a presenciar la ceremonia. Los invitados deben llegar antes que la boda comience si quieren participar plenamente del evento. En el contexto del próximo matrimonio de Jesús con la iglesia, ¿quiénes son los invitados? Son los creyentes que vivieron en la era previa a la iglesia, como David y Abraham, cuya fe *"le fue contada por justicia"* (Romanos 4:22). Estos creyentes están ahora en el cielo, esperando a la novia. (Vea, por ejemplo, Hebreos 12:1–2). El Novio está en el altar, esperando a la novia. Jesús ha estado aguardando por mucho tiempo. ¿Estará usted entre aquellos que son Su novia?

JESÚS SÓLO RECONOCE COMO NOVIA A AQUELLOS QUE EL PADRE LE PRESENTA.

En Efesios 4, Pablo nos da instrucciones acerca de cómo convertirnos en creyentes maduros en Jesús. Luego, en el capítulo 5, habla de la iglesia madura, o como a mí me gusta llamarla, "el remanente". A medida que el remanente crece en amor y fe, transformándose en la novia de Cristo, también desarrollará una adoración más pura. Adorará *"en espíritu y en verdad"* (Juan 4:23–24). Gran parte de la iglesia de hoy ha reemplazado la adoración genuina con mero entretenimiento. Los cristianos son engañados debido a que no reconocen la diferencia entre ambas. En lugar de ofrecer una total devoción a Dios, alimentan sus propias emociones y apetitos carnales. George Barna escribió un libro titulado *The Seven Faith Tribes* (Las siete tribus de la fe) en base a su investigación sobre siete diversos grupos de fe en los Estados Unidos. Una de esas "tribus" está etiquetada como los "cristianos casuales", que representan el 66 por ciento de la población adulta. Otra tribu, llamada "cristianos cautivos" o cristianos comprometidos, representa sólo el 16 por ciento, y es a esa minoría a la que podemos llamar el remanente.[61]

61. "Casual Christians and the Future of America," Barna Group, May 25, 2009, https://www.barna.com/research/casual-christians-and-the-future-of-america/.

Si no practica una adoración genuina, no formará parte de la novia de Cristo. En los últimos tiempos, el remanente adorará cantando canciones sobre los nombres de Dios, sobre la obra terminada de Cristo en la cruz y sobre la gloria de Dios.

LA PARÁBOLA DE LAS VÍRGENES PRUDENTES E INSENSATAS

Veamos ahora la parábola de Jesús acerca de las vírgenes prudentes e insensatas. ¡Ninguna parábola bíblica ilustra mejor la condición de la iglesia de hoy que ésta!

Entonces el reino de los cielos será semejante a diez vírgenes que tomando sus lámparas, salieron a recibir al esposo. Cinco de ellas eran prudentes y cinco insensatas. Las insensatas, tomando sus lámparas, no tomaron consigo aceite; más las prudentes tomaron aceite en sus vasijas, juntamente con sus lámparas. (Mateo 25:1–4)

Primero, definamos algunos términos para que podamos entender mejor la revelación de esta parábola. Para empezar, la palabra *parábola* se define como la "narración de un suceso fingido de que se deduce, por comparación o semejanza, una verdad importante o una enseñanza moral".[62] La parábola de las vírgenes prudentes e insensatas es una historia terrenal con un significado celestial.

Esta parábola presenta varios personajes simbólicos: cinco vírgenes prudentes, cinco vírgenes insensatas y el novio. Virgen es un hombre o una mujer que nunca ha tenido relaciones sexuales. Jesús usó esta analogía para simbolizar la naturaleza pura de la verdadera iglesia. El novio representa al Jesús ascendido, que regresa en el rapto para llevar a Su novia al cielo. La parábola también menciona dos elementos significativos: lámparas y aceite. Las lámparas significan la Palabra de Dios (véase, por ejemplo, el Salmo 119:105), y el aceite representa el poder del Espíritu Santo para iluminar nuestro camino, el cual está disponible para nosotros a través de una vida de oración e intimidad con Dios.

---

62. Real Academia Española, https://dle.rae.es/par%C3%A1bola.

Dado que las diez vírgenes llevaban lámparas, esto significa que caminaban en la Palabra de Dios. Sin embargo, cinco de ellas llevaban aceite extra para rellenar sus lámparas cuando fuera necesario. Esto significa que las cinco insensatas empezaron bien; eran vírgenes y tenían sus lámparas. Pero actuaron de manera insensata al no traer aceite de reserva. Es inútil llevar lámparas si no tenemos aceite para encenderlas. Jesús nos advierte contra tal insensatez. No basta con haber tenido una relación con el Señor en el pasado o conocer Su Palabra si no tenemos también la revelación del Espíritu Santo y vivimos a diario de acuerdo con la Palabra. Hoy en día, muchas iglesias rechazan de plano el ministerio del Espíritu Santo.

Además del poder del Espíritu Santo, el aceite representa la persona del Espíritu. Simboliza todo el ámbito espiritual de Dios, incluyendo el poder sobrenatural, la unción, los dones del Espíritu y el fruto del Espíritu. Permítanme recalcar que no podremos participar del rapto mientras rechacemos la persona del Espíritu Santo, neguemos Su poder, y carezcamos de Sus dones y frutos.

El resto de la parábola dice lo siguiente:

Y tardándose el esposo, [las diez vírgenes] cabecearon todas y se durmieron. Y a la medianoche se oyó un clamor: ¡Aquí viene el esposo; salid a recibirle! Entonces todas aquellas vírgenes se levantaron, y arreglaron sus lámparas. Y las insensatas dijeron a las prudentes: Dadnos de vuestro aceite; porque nuestras lámparas se apagan. Mas las prudentes respondieron diciendo: Para que no nos falte a nosotras y a vosotras, id más bien a los que venden, y comprad para vosotras mismas. Pero mientras ellas iban a comprar, vino el esposo; y las que estaban preparadas entraron con él a las bodas; y se cerró la puerta. Después vinieron también las otras vírgenes, diciendo: ¡Señor, señor, ábrenos! Mas él, respondiendo, dijo: De cierto os digo, que no os conozco. Velad, pues, porque no sabéis el día ni la hora en que el Hijo del Hombre ha de venir.

(Mateo 25:5–13)

LA NECESIDAD DE TENER ACEITE EN NUESTRAS LÁMPARAS

Debido a que el novio se retrasó, las diez vírgenes se cansaron y se durmieron. El novio no llegó a la hora que esperaban sino a la medianoche. Al escuchar el anuncio de su llegada, que en su contexto profético se le conoce como "el clamor de medianoche", todas se despertaron, pero sólo cinco de ellas tenían suficiente aceite en sus lámparas para ir al encuentro del novio.

Una lámpara solo puede ser encendida cuando tiene una fuente de poder, entonces alumbra su alrededor. Si no tenemos al Espíritu Santo como fuente de poder espiritual, no tendremos la luz necesaria para ver en estos tiempos oscuros. Una vez más, sólo podemos tener la presencia del Espíritu a través de una continua e íntima relación con Él. No podemos depender de otros para tener la relación que necesitamos.

En la parábola, las vírgenes insensatas tuvieron que salir a comprar más aceite. Sin embargo, a su regreso, se descorazonaron al saber que el novio ya había llegado y entrado en el banquete de bodas con los invitados que estaban listos para él —incluidas las cinco vírgenes prudentes— y que la puerta había sido cerrada. Jesús concluyó la parábola con la siguiente moraleja: *"Velad, pues, porque no sabéis el día ni la hora en que el Hijo del Hombre ha de venir"* (Mateo 25:13). En el original griego, el verbo aparece en modo imperativo, formando el comando *"Velad"* o *"Velar"*.

Desafortunadamente, el espíritu de esta era ha traído un sueño profundo a la iglesia, impidiéndole velar al Novio. Muchos cristianos viven en la oscuridad porque les falta aceite para sus lámparas. La gente está quemada y agotada por andar preocupada en los afanes de la vida. Están más enfocados en las preocupaciones temporales que no tienen significado eterno.

Mirad también por vosotros mismos, que vuestros corazones no se carguen de glotonería y embriaguez y de los afanes de esta vida, y venga de repente sobre vosotros aquel día. Porque como un lazo vendrá sobre todos los que habitan sobre la faz de toda la tierra. Velad, pues, en todo tiempo orando que seáis tenidos por dignos de escapar de todas estas cosas que vendrán, y de estar en pie delante del Hijo del Hombre.   (Lucas 21:34–36)

Por lo cual dice: Despiértate, tú que duermes, y levántate de los muertos, y te alumbrará Cristo.   (Efesios 5:14)

"Velar" es sinónimo de ser sabio. Como las cinco vírgenes prudentes que llevaban aceite de reserva para sus lámparas, necesitamos ejercer la sabiduría buscando estar llenos del Espíritu Santo en todo momento. Recuerden, no podemos seguir caminando con la fe, la unción o la llenura del Espíritu que tuvimos la semana pasada, mucho menos la del año pasado. Con el Espíritu, todo tiene que ver con lo que está pasando *ahora.* ¿Su relación con Dios es actual? ¿Su lámpara tiene aceite, y continuamente está reabasteciéndola de aceite?

SI NO TENEMOS AL ESPÍRITU SANTO COMO FUENTE DE PODER ESPIRITUAL, NO TENDREMOS LA LUZ NECESARIA PARA VER EN ESTOS TIEMPOS OSCUROS.

EL ELEMENTO FALTANTE

Profundicemos aún más en el significado de esta parábola. Cinco vírgenes eran prudentes y cinco eran insensatas, pero todas eran vírgenes. Su virginidad representa creer en Cristo, vivir una vida santa, tener comunión con otros creyentes, satisfacer las necesidades de la gente, etc. Las diez vírgenes tenían estas características. Sin embargo, las cinco vírgenes insensatas representan a aquellos que creen en Jesús, pero que de alguna manera han rechazado la persona o la obra del Espíritu Santo. La parábola revela un misterio que he tratado de comunicar de varias maneras a lo largo de este libro: no todos los cristianos forman parte de la novia de Cristo que será arrebatada cuando Él aparezca.

Así, el Señor usó esta parábola para simbolizar el estado de la iglesia a Su regreso. Es una clara advertencia de que podemos ser buenas personas y aun así no estar bien con Dios y, por lo tanto, no estar preparados para la venida de Jesús. Podemos ser creyentes e ir a la iglesia, pero aun así no estar preparados como la novia para encontrarnos con el Novio. Conozco buenas personas cristianas que no creen en el Espíritu Santo o en Su poder. Me apena saber que no irán con Cristo en el rapto. Sólo una parte de la iglesia será arrebatada. Es trágico que esta generación de creyentes esté espiritualmente dormida. Como no saben que el tiempo de la aparición de Jesús se acerca, han descuidado los preparativos para reunirse con Él.

Una vez más, la mayor falla de las cinco vírgenes insensatas fue quedarse escasas de aceite. Esa escasez representa falta de intimidad con Dios, falta de capacidad para oír Su voz, falta de espiritualidad, falta de unción y de poder. ¿No vemos la misma deficiencia en gran parte del cristianismo de hoy? Un artículo del Centro de Investigación Pew reporta que el 55 por ciento de los estadounidenses dicen que oran a diario.[63] Sin embargo, me pregunto, cuánta gente dentro de ese porcentaje tiene una relación con Dios que va más allá de hacer peticiones y dar gracias ocasionalmente. De acuerdo con el Grupo Barna, que ha seguido los hábitos de oración de la gente desde 1993, el 69 por ciento de los americanos reportó orar al menos una vez a la semana. Este número, sin embargo, muestra una disminución, ya que durante la década de 2011 a 2020 ese porcentaje era cercano al 83 por ciento.[64] En un informe de *U.S. News* y Beliefnet, sólo cerca del 42 por ciento de los cristianos encuestados dijeron que el propósito *más* importante de la oración es tener intimidad con Dios.[65] Para mí, ese porcentaje minoritario se parece mucho a un remanente.

---

63. Michael Lipka, "5 Facts About Prayer," Pew Research Center, May 4, 2016, https://www.pewresearch.org/fact-tank/2016/05/04/5-facts-about-prayer/.
64. "Signs of Decline & Hope Among Key Metrics of Faith," Barna Group, March 4, 2020, https://www.barna.com/research/changing-state-of-the-church/.
65. "U.S. News & Beliefnet Prayer Survey Results," Beliefnet, December 2004, https://www.beliefnet.com/faiths/faith-tools/meditation/2004/12/u-s-news-beliefnet-prayer-survey-results.aspx.

Sin el Espíritu Santo, la iglesia está seca y muerta. No tiene ningún propósito o poder real. Muchos creyentes pueden estar usando sus dones, incluyendo los espirituales, pero sólo los ejercitan mecánicamente. Es posible que una iglesia parezca y suene espiritual, pero carece completamente de la presencia de Dios. En esta parábola, cuando el novio llega, el factor decisivo para las vírgenes en cuanto a si pueden entrar al banquete de bodas, no son las lámparas que llevan, sino lo que está —o no está— dentro de ellas. Si no tenemos el poder del Espíritu Santo dentro de nosotros, sólo tendremos una *apariencia de piedad* (2 Timoteo 3:5), lo que nos convierte simplemente en una institución de personas religiosas, una organización humana, en lugar de la verdadera casa de Dios. Necesitamos que el fuego del Espíritu Santo encienda nuestras lámparas para que podamos permanecer cerca de Dios y para que Su Palabra arda dentro de nosotros e ilumine nuestro entendimiento.

SIN EL ESPÍRITU SANTO, TODA LA ACTIVIDAD DE LA IGLESIA ES MECÁNICA Y VACÍA DE DIOS.

Las cinco vírgenes insensatas estaban inactivas cuando deberían haber sido diligentes para asegurarse de que tenían suficiente aceite. De igual manera, la iglesia de hoy está espiritualmente tibia, pasiva, indiferente, no comprometida, insensible, seca, ciega, dormida, e incluso muerta espiritualmente. Como consecuencia de su débil condición espiritual, los cristianos a menudo buscan no ofender ni confrontar a las personas con el mensaje del Evangelio, así que diluyen las buenas nuevas, dejándolas sin poder para cambiar la vida de la gente.

En el libro de Apocalipsis, Jesús amonestó a siete iglesias, varias de las cuales exhibían algunas de las características mencionadas, demostrando sus tenues estados espirituales. Por ejemplo, el Señor reprendió a la iglesia de Éfeso por descuidar su principal prioridad espiritual:

"Pero tengo contra ti, que has dejado tu primer amor. Recuerda, por tanto, de dónde has caído, y arrepiéntete, y haz las primeras obras" (Apocalipsis 2:4–5). Si las cinco vírgenes insensatas se hubieran comprometido a conocer al novio y asistir a la boda, se habrían asegurado de tener todas las provisiones necesarias de antemano. La mayor parte de la iglesia de hoy falla preparándose para el regreso de Jesús porque ha perdido su amor por Él y ya no está comprometida con Sus propósitos.

Jesús le advirtió a la iglesia en Sardis que estaba espiritualmente dormida: *"Yo conozco tus obras, que tienes nombre de que vives, y estás muerto. Sé vigilante, y afirma las otras cosas que están para morir"* (Apocalipsis 3:1–2). Una vez más, las vírgenes insensatas dormían cuando deberían haber buscado aceite para encender sus lámparas a fin de poder encontrarse con el novio. En consecuencia, se perdieron su llegada. De la misma manera, la iglesia contemporánea está sumida en un sueño profundo y por lo tanto deja de velar por el Novio. ¡Está en peligro de quedarse fuera cuando el Señor aparezca!

Las palabras de Jesús a la iglesia de Laodicea fueron especialmente fuertes. El estado de esta iglesia era tan grave como el de las demás, y tenía todas las características negativas que vemos en la iglesia de hoy:

> *Y escribe al ángel de la iglesia en Laodicea: He aquí el Amén, el testigo fiel y verdadero, el principio de la creación de Dios, dice esto: Yo conozco tus obras, que ni eres frío ni caliente. ¡Ojalá fueses frío o caliente! Pero por cuanto eres tibio, y no frío ni caliente, te vomitaré de mi boca. Porque tú dices: Yo soy rico, y me he enriquecido, y de ninguna cosa tengo necesidad; y no sabes que tú eres un desventurado, miserable, pobre, ciego y desnudo.* (Apocalipsis 3:14–17)

Porque tengo el temor de Dios en mi corazón, oro al Padre todos los días para que mi aceite nunca se agote y mi lámpara nunca se apague. Como sé que debo estar continuamente en estrecha comunión con el Señor, he hecho de la oración una forma de vida. De hecho, todo mi ministerio depende de mi vida de oración así como yo dependo enteramente de Dios. Tal como nos enseña la Escritura, oro por el pueblo de Dios y por las autoridades de mi país y de otros países del mundo. Recientemente formé parte del grupo de pastores más influyentes de América que participó en una reunión con el presidente de los Estados Unidos, Donald Trump. Ese evento fue significativo porque era la primera vez que un presidente acudía a los pastores evangélicos en busca de consejo y sabiduría, recibiendo públicamente sus oraciones. Creo que ésta fue la forma como el presidente demostró su temor a Dios y pidió aceite fresco para su lámpara. Dios me dio la oportunidad de orar por él, y le pedí al Señor que lo llenara con el Espíritu Santo, lo fortaleciera y le diera sabiduría para hacer Su voluntad.

Ahora, más que nunca, debemos orar por nuestros líderes gubernamentales. Recuerden, no hay una salida racional a las crisis que enfrentamos. Necesitamos la sabiduría de Dios para superarlas. Les animo a orar por todos aquellos que están en posiciones de autoridad. (Vea 1 Timoteo 2:1–2).

LA NOVIA REMANENTE

¿Cómo, entonces, podemos identificar a la novia remanente? Es la porción de la iglesia que teme al Señor y tiene una estrecha relación con Él. Está despierta, alerta, obediente, velando y orando. Está llena del Espíritu, de la presencia de Dios y de la gloria y el poder del cielo. Está comprometida, es santa, apasionada y fuerte. El remanente vive con rectitud y adora a Dios en Espíritu y verdad. Es una iglesia madura y espiritual que está íntimamente ligada al Espíritu de Dios.

La novia remanente de Dios sabe que el regreso de Jesús está cerca. Por lo tanto, el remanente prepara el camino para Su venida, predicando el evangelio con un sentido de urgencia y manifestando milagros, señales y maravillas. Cada vez que enseñamos a otros sobre la segunda venida, nos acercamos más a Su venida. Hemos notado que muchas personas no creen en el regreso del Señor porque están espiritualmente dormidas, ocupadas con los afanes de la vida, y, lo más importante, no hay reverencia por Dios en sus corazones. ¿Es usted parte de la iglesia dormida o parte del remanente?

La Voz de los Mártires informa sobre creyentes que, como miembros del remanente, están preparando el camino para la segunda venida, pese a los obstáculos que encuentran en sus familias y naciones, y a pesar de las creencias contrarias de sus sociedades. Un adolescente Fulani[66] llamado Mohammed fue repudiado por su familia por ir a la iglesia. Vivió en un edificio de apartamentos sin terminar durante seis años mientras finalizaba la escuela. Cuando tuvo 18 años, intentó volver a casa, pero aun así fue rechazado. Con la ayuda de Dios, ingresó a una escuela bíblica, pero incluso allí, experimentó los prejuicios de los cristianos debido a su origen Fulani. "Si no hubiera sido por el amor que siento por Jesús, nunca habría seguido siendo cristiano", dijo el joven. Mohammed ha perseverado porque está comprometido con el Señor y nunca se apartará de Él.[67]

Hafiz es el hijo de un pastor Fulani y un herbolario vudú. Estaba en la línea para hacerse cargo del negocio familiar de su padre, que tenía cuatro esposas y treinta y nueve hijos. Hafiz venía de una comunidad musulmana que perseguía a los cristianos de su pueblo, matando a cientos de ellos. Empezó a leer la Biblia para familiarizarse con ella y así poder usar la información para convertir a la gente al islam. Pero sucedió lo contrario, se sintió atraído por Jesús y se convirtió en cristiano. Cuando compartió su nueva fe con su familia, su padre se enojó y lo llevó a la estación de policía, donde fue encerrado en una celda durante dos años y se le instó repetidamente a volver al Islam. Cuando Hafiz fue finalmente liberado, huyó a la seguridad de Youth With A Mission (Juventud con una Misión). No obstante, él planea regresar con el pueblo Fulani para decirles: "Sé que aún están en la oscuridad y quiero sacarlos de ahí por medio de Dios".[68]

En Malasia, una mujer llamada Nisa nació en el seno de una familia musulmana, pero después de casarse con un cristiano y conocer a su familia, tuvo un encuentro con Jesús. El hermano de su marido era pastor, y le habló del Señor. Al principio no estaba interesada, pero un

---

66. Un grupo étnico de África.
67. "Rejected by His Family but Found in Christ," Voice of the Martyrs, June 25, 2019, https://vom.com.au/rejected-by-his-family-but-found-in-christ/.
68. "Former Fulani Herdsman Called to Evangelise," Voice of the Martyrs, June 25, 2019, https://vom.com.au/former-fulani-herdsman-called-to-evangelise/.

día dejó que su cuñado orara por ella. "Una vez que me impuso manos y oró", dijo ella, "me sentí tan fría como el hielo y algo cambió mi corazón y me derrumbé y lloré y lloré". Después de que Nisa se convirtió en cristiana, sus padres también se hicieron creyentes, pero muchos de sus otros familiares se volvieron hostiles hacia ella. Nisa continúa manteniendo su fe en Cristo a pesar de la pobreza y la persecución, todo porque alguien oró por ella.[69]

En mi iglesia, el Ministerio El Rey Jesús, sabemos que Cristo viene pronto, y buscamos activamente seguir siendo parte de la novia remanente. Salimos a las calles a evangelizar y llevamos a cabo cruzadas de milagros en todo el mundo, manifestando milagros, señales y maravillas a través del poder del Espíritu Santo. Viajamos a áreas donde el evangelio aún no ha sido predicado y llevamos el avivamiento a lugares donde ser cristiano es ilegal. Vamos a las esferas de poder humano, como los altos niveles de gobierno y negocios, para alcanzar a las personas que nunca se acercarían a una iglesia. Tenemos un equipo de intercesión activo que está velando y orando las 24 horas del día con los ojos puestos en el mundo espiritual. ¡Queremos preparar el camino para el regreso de Jesús y estar listos para irnos con Él en Su aparición!

EL CLAMOR DE MEDIANOCHE

"Y a la medianoche se oyó un clamor: ¡Aquí viene el esposo; salid a recibirle!" (Mateo 25:6). Esta parte de la parábola describe el clamor de los últimos tiempos del Esposo, Jesús, a Su novia, el remanente. Es un llamado a aquellos que están velando y orando, listos para encontrarse con Jesús en las nubes. Es un llamado a la santidad, consagración y separación para Él. El clamor de medianoche significa el punto de transición entre la noche y el día, y por lo tanto representa cambio. El Espíritu Santo está levantando un clamor de santidad para que nos alejemos del mundo y nos dediquemos a vivir una vida justa, separados del mundo, de los deseos carnales y de cualquier otra cosa que nos distraiga de nuestro propósito en Dios.

---

69. "Finding Christ in Malaysia," Voice of the Martyrs, April 28, 2019, https://vom.com.au/finding-christ-in-malaysia/.

Una encuesta realizada por el Grupo Barna nos da una idea del estado de la iglesia en los Estados Unidos en términos de santidad. Entre los cristianos adultos nacidos de nuevo, el 76% dijo que es posible ser santo, pero sólo el 55% dijo que conocía a una persona que describiría como santo. Sólo el 29 por ciento se consideraba a sí mismo santo. Los adultos estadounidenses que dicen tener mayor probabilidad de conocer a una persona santa o santificada definieron la santidad como "tener una actitud positiva hacia Dios y la vida". Aquellos que dicen tener menos probabilidades de identificar como santo a alguien que conocen definieron la santidad como una "condición espiritual".[70]

> **SER SANTOS SIGNIFICA ESTAR CONTINUAMENTE APARTADOS PARA DIOS Y PARA UN PROPÓSITO, APARTADOS DEL ESPÍRITU DEL MUNDO. LA SANTIDAD ES LA MARCA DE LA NOVIA REMANENTE.**

El mundo no quiere que los cristianos mantengan valores y normas piadosas. Sin embargo, estamos llamados a ser como Cristo en nuestras motivaciones y estilo de vida. Debe haber una línea entre el remanente y el resto. *"Así que, hermanos, os ruego por las misericordias de Dios, que presentéis vuestros cuerpos en sacrificio vivo, santo, agradable a Dios, que es vuestro culto racional. No os conforméis a este siglo, sino transformaos por medio de la renovación de vuestro entendimiento"* (Romanos 12:1–2).

"NO OS CONOZCO"

Revisemos lo que les pasó a las vírgenes insensatas después del clamor de medianoche:

---

70. "The Concept of Holiness Baffles Most Americans," Barna Group, February 20, 2006, https://www.barna.com/research/the-concept-of-holiness-baffles-most-americans/.

Entonces todas aquellas vírgenes se levantaron, y arreglaron sus lámparas. Y las insensatas dijeron a las prudentes: Dadnos de vuestro aceite; porque nuestras lámparas se apagan. Mas las prudentes respondieron diciendo: Para que no nos falte a nosotras y a vosotras, id más bien a los que venden, y comprad para vosotras mismas. Pero mientras ellas iban a comprar, vino el esposo; y las que estaban preparadas entraron con él a las bodas; y se cerró la puerta. Después vinieron también las otras vírgenes, diciendo: ¡Señor, señor, ábrenos! Mas él, respondiendo, dijo: De cierto os digo, **que no os conozco.**

(Mateo 25:7–12)

La palabra hebrea traducida "conocer" en el versículo 12 se refiere a tener una relación íntima con alguien; significa conocer a una persona no sólo de vista sino profundamente. Hemos visto que las cinco vírgenes insensatas representan a los cristianos que no han tenido una relación profunda con Dios. Tengan siempre presente que podemos asistir a la iglesia, danzar, orar y dar ofrendas, pero aún así no tener intimidad con Dios. Muchos creyentes nunca han tenido tal cercanía con el Señor. Nunca han caminado verdaderamente con Él o han escuchado Su voz. La Palabra de Dios no está viva en ellos. Pueden conocer al Señor de lejos, pero Él no los conoce. Debemos entender la realidad de que no todos los creyentes forman parte de la novia de Cristo.

Al final de la parábola, la puerta para la celebración de la boda se cierra y las vírgenes insensatas llegan demasiado tarde para entrar. Si Jesús no nos conoce en la tierra, no nos llevará a estar con Él en el cielo. Así como la puerta del arca se cerró durante el diluvio universal, manteniendo a Noé y a su familia a salvo dentro, pero dejando a todos los demás en la tierra para enfrentar el juicio (vea Génesis 7), así las puertas del cielo se cerrarán después del rapto, protegiendo al remanente, pero dejando al resto del mundo para experimentar el juicio de la tribulación.

"Porque habrá entonces gran tribulación, cual no la ha habido desde el principio del mundo hasta ahora, ni la habrá jamás" (Mateo 24:21). El mundo se volverá loco debido al juicio que Dios desencadenará. Habrá un juicio tras otro en la tierra.

Por estas tres plagas fue muerta la tercera parte de los hombres; por el fuego, el humo y el azufre que salían de su boca...Y los otros hombres que no fueron muertos con estas plagas, ni aun así se arrepintieron de las obras de sus manos, ni dejaron de adorar a los demonios, y a las imágenes de oro, de plata, de bronce, de piedra y de madera, las cuales no pueden ver, ni oír, ni andar; y no se arrepintieron de sus homicidios, ni de sus hechicerías, ni de su fornicación, ni de sus hurtos. (Apocalipsis 9:18, 20–21)

Cuando la novia sea removida de la tierra, el Espíritu Santo también dejará de ser una influencia sobrenatural y una barrera contra el mal en el mundo. *"Porque ya está en acción el misterio de la iniquidad; sólo que hay quien al presente lo detiene, hasta que él a su vez sea quitado de en medio"* (2 Tesalonicenses 2:7). Sin embargo, los creyentes que no están preparados para la aparición de Jesús y sean dejados atrás, todavía tendrán al Espíritu Santo viviendo en ellos y por lo tanto tendrán acceso al cielo. Tendrán la capacidad de rechazar la marca de la bestia y ser testigos de Cristo, aunque probablemente les cueste la vida. Aquellos cristianos que rechacen a Cristo en ese momento estarán perdidos.

Es vital entender que no basta con ser cristiano, y ni siquiera es suficiente saber cómo manifestar el poder de Dios en la tierra. Si no tenemos una relación genuina, constante e íntima con Dios, seremos dejados en la tierra en el rapto. Jesús nos dice:

No todo el que me dice: Señor, Señor, entrará en el reino de los cielos, sino el que hace la voluntad de mi Padre que está en los cielos. Muchos me dirán en aquel día: Señor, Señor, ¿no profetizamos en tu nombre, y en tu nombre echamos fuera demonios, y en tu nombre hicimos muchos milagros? Y entonces les declararé: Nunca os conocí; apartaos de mí, hacedores de maldad. (Mateo 7:21–23)

Muchos son capaces de realizar milagros mientras se encuentran en una atmósfera espiritual en la que se manifiesta la presencia de Dios, o mientras están asociados con otras personas que operan en una atmósfera espiritual, o cuando tienen el don espiritual para milagros, o cuando aplican principios espirituales relacionados con los milagros. Pero, incluso así, pueden carecer de devoción a Dios y de intimidad con el Espíritu Santo. Hay otras personas que realizan milagros a través de poderes demoníacos en lugar del poder de Dios. Siempre que realizamos señales y maravillas, debemos asegurarnos de que lo hacemos desde un lugar de intimidad con Dios o estos milagros no tendrán un significado eterno para nosotros. La persona que recibe la bendición se beneficiará si Dios hace la obra, pero el milagro no mejorará nuestra posición con el Señor. Por lo tanto, no se trata sólo de lo que creemos, de hacer milagros, de profetizar o de echar fuera demonios, sino de hacer todas esas cosas desde una relación cercana con Dios.

> **LOS MILAGROS, SEÑALES Y MARAVILLAS NO TIENEN UN SIGNIFICADO ETERNO PARA EL INDIVIDUO QUE LOS REALIZA, SI ESA PERSONA NO TIENE UNA VIDA DE INTIMIDAD CON DIOS QUE LO RESPALDE.**

CÓMO CALIFICAR PARA SER LA NOVIA REMANENTE

Quiero concluir este capítulo analizando tres formas fundamentales mediante las cuales podemos lograr una relación íntima con el Señor, ser conocidos por Él y aceptados a la hora de Su venida. Aunque ya hemos discutido sobre estas áreas en capítulos anteriores, nunca debemos descuidarlas.

PERMITA QUE LO PROCESEN

Y meteré en el fuego a la tercera parte, y los fundiré como se funde la plata, y los probaré como se prueba el oro. El invocará mi nombre, y yo le oiré, y diré: Pueblo mío; y él dirá: Jehová es mi Dios.

(Zacarías 13:9)

Cada cristiano que pertenece al remanente debe ser procesado para que su corazón esté en el lugar correcto y mantenga una estrecha relación con el Señor. Recuerde que el propósito principal del procesamiento es permitirnos crecer espiritualmente y madurar. Después de la intimidad con Dios, la madurez espiritual es la principal condición para ser parte de la novia remanente. "*Y me dijo: No selles las palabras de la profecía de este libro, porque el tiempo está cerca. El que es injusto, sea injusto todavía; y el que es inmundo, sea inmundo todavía; y el que es justo, practique la justicia todavía; y el que es santo, santifíquese todavía*" (Apocalipsis 22:10–11). Cuando la gente no se enfrenta a sus pecados y debilidades, se vuelve peor, más injusta, sucia y depravada. Por eso no podemos estancarnos en nuestro crecimiento espiritual. Debemos avanzar hacia la madurez, alineados con las virtudes del carácter de Cristo. (Vea, por ejemplo, Efesios 4:13).

Estos son tiempos peligrosos. Rebelarse contra Dios mientras nos procesa para la madurez puede costarnos Su juicio, y "*horrenda cosa es caer en manos del Dios vivo*" (Hebreos 10:31). En esta época, la iglesia necesita pasar por una transición si quiere convertirse en la novia remanente. El cuerpo de Cristo debe crecer hasta su plena madurez. Las cosas que nos rodean no cambiarán a menos que seamos transformados. Esto requerirá que nos sometamos a Dios mientras Él nos refina, y que podamos mantenernos firmes, sabiendo que saldremos de este proceso más puros y más cerca del Señor.

Todo lo que no se procese morirá, porque donde no hay procesamiento no hay transformación. Si no somos transformados, repetiremos los mismos ciclos negativos que nos mantienen espiritualmente inmaduros, dormidos e incapaces de discernir que el Señor viene pronto. ¡Hoy, asegúrese de ser parte de la novia remanente! No espere hasta que Jesús regrese para averiguarlo porque entonces será demasiado tarde.

SEA CONTINUAMENTE LLENO DEL ESPÍRITU SANTO

El poder del Espíritu Santo está ligado a la aparición de Cristo. No sólo la manifestación del poder de Dios es una señal del regreso de Jesús, sino que el trabajo del Espíritu en los creyentes es una parte indispensable en la preparación de la novia. Cuando Cristo venga, debemos ser capaces de conectarnos con Él a través del poder del Espíritu Santo. Por eso necesitamos estar continuamente llenos del Espíritu.

Si no hay un poder espiritual vivo dentro de nosotros que nos conecte con Jesús, no nos iremos con Él en el rapto. Como he dicho antes, podemos ser capaces de hacer milagros o ser bendecidos debido a la asociación con alguien que manifiesta el poder del Espíritu, pero no podremos participar en las bodas del Novio por simple asociación. Necesitamos nuestra propia relación personal con Dios y nuestro propio fuego del Espíritu Santo para encender nuestra lámpara y conectarnos con Cristo, el Ungido. ¡Jesús regresará por una iglesia que está llena de poder y gloria!

> *Maridos, amad a vuestras mujeres, así como Cristo amó a la iglesia, y se entregó a sí mismo por ella, para santificarla, habiéndola purificado en el lavamiento del agua por la palabra, a fin de presentársela a sí mismo, una iglesia gloriosa, que no tuviese mancha ni arruga ni cosa semejante, sino que fuese santa y sin mancha.*
>
> (Efesios 5:25–27)

No es suficiente haber sido lleno del Espíritu Santo una vez, quizá hace mucho tiempo. La llenura de ayer no basta para hoy, mucho menos para conectarnos con Cristo en Su venida. Es necesario que seamos continuamente llenos, a medida que renovamos nuestra relación con Dios y Su Espíritu cada día.

VELAR Y ORAR

En el capítulo anterior, vimos varios pasajes en los que Jesús exhortaba a Sus seguidores a "velar y orar". Y también vimos que Jesús dio la misma orden vital como conclusión de la parábola de las vírgenes prudentes e insensatas:

Velad, pues, porque no sabéis el día ni la hora en que el Hijo del Hombre ha de venir. (Mateo 25:13)

Velar y orar es esencial para convertirse en la novia de Cristo, así como para ayudar a anunciar la venida de Jesús. Repasemos lo que quiere decir "velar". Significa estar seguros de que estamos conectados vigilantemente al Espíritu Santo, orando, siendo santificados y alejándonos del mal. Estar vigilantes requiere estar sobrenaturalmente despiertos y alertas a lo que sucede en el reino espiritual. Implica permanecer en un estado de preparación.

SI NO MANTIENE UN ESPÍRITU VIGILANTE, SE PERDERÁ EL RAPTO.

"Velad, pues, en todo tiempo orando que seáis tenidos por dignos de escapar de todas estas cosas que vendrán, y de estar en pie delante del Hijo del Hombre" (Lucas 21:36). Nos mantenemos vigilantes a través de la oración. De hecho, como vimos anteriormente, debemos orar conforme a lo que el Espíritu nos revela mientras velamos por nuestras vidas y los acontecimientos del mundo. El velar, entonces, está relacionado con la oración. Cuando velamos, nada nos toma totalmente por sorpresa, porque el velar nos mantiene preparados. Velar nos permite ver de antemano lo que Dios planea hacer y lo que sucederá en la tierra. Cuando no estamos seguros del futuro, la única forma de discernir cómo vamos a responder es velar y orar. ¿Con qué frecuencia se dedica a la tarea de velar y orar de esta manera?

El Señor aparecerá por aquellos que lo están esperando. Si no tiene una expectativa real de que Jesús regrese, no estará listo para Su venida. ¿Entiende que si no se prepara, será dejado en la tierra y tendrá que pasar por la gran tribulación y todos los juicios? El rapto es sólo para el remanente que está lleno de la presencia y el poder del Espíritu Santo. Si se queda en la tierra, el Espíritu Santo seguirá viviendo dentro de usted porque es cristiano; sin embargo, ya no será una presencia de contención en el mundo. La tribulación será un tiempo de tremenda presión y calamidad, y será extremadamente difícil permanecer fiel al Señor.

DÍAS DE TRANSICIÓN

¿Tiene usted todas las cualidades de la novia remanente? ¿Ha permitido que Dios lo procese en sus dificultades y en las crisis que afligen al mundo? ¿Está continuamente lleno del Espíritu Santo? ¿Está constantemente velando y orando? Hoy debe ser capaz de responder afirmativamente a estas preguntas. ¡Mañana será demasiado tarde!

A medida que se acerca la venida de Cristo, estamos viviendo días de transición. Necesitamos madurar como cristianos para que Su aparición no nos encuentre desprevenidos. No debemos quedarnos sin aceite en nuestras lámparas. Tenemos que aprender a depender del Espíritu Santo a fin de entender la temporada espiritual que estamos atravesando y reconocer cuánto aceite del Espíritu tenemos realmente en nuestras vidas.

Déjeme preguntarle de nuevo: ¿Cuál es su condición actual? ¿Tiene una relación íntima, continua y creciente con Dios? ¿Depende del Espíritu Santo para guiar su camino y de la Palabra de Dios para iluminarlo? ¿Está ministrando a otros con el poder del Espíritu Santo, o sus actividades son mecánicas y carecen de la presencia de Dios? ¿Es prudente o insensato? ¿Está velando o durmiendo?

Si el clamor de medianoche sonara hoy, ¿lo escucharía? ¿Ha escuchado realmente el llamado al remanente que se presenta en este libro? ¿Escucha el llamado del Espíritu Santo para que seamos santos, apartados del espíritu del mundo y consagrados al Señor? Si Cristo viniera esta noche, ¿se iría con Él o se quedaría en la tierra en la tribulación? ¡Cristo regresa pronto! Si no tiene la certeza de que Cristo lo llevará en Su aparición, lo invito a hacer la siguiente oración conmigo:

Padre celestial, me arrepiento con todo mi corazón de estar espiritualmente dormido, de no velar, no orar ni tener relación íntima contigo. Te pido que me perdones si, al tratar de procesarme a través de los sacudimientos que estamos viviendo en la tierra, me he rendido al desánimo o la desesperación, o si me he llenado de resentimiento o amargura que me han alejado de Tu presencia y de la relación contigo. Hoy, tomo la decisión de perdonar todas las ofensas pasadas y presentes que la gente ha cometido contra mí. Me rindo a Tu procesamiento y permito que éste me forme, me madure y me prepare para ser parte de la novia de Cristo, una novia sin manchas ni arrugas, que espera ansiosamente Tu llegada.

Espíritu Santo, lléname con Tu presencia y Tu poder hasta rebosar. Abre mis ojos y oídos espirituales, purifica mi corazón, limpia mi vida de todo pecado, sepárame del mundo y líbrame de la pereza espiritual. Purifica mi mente de pensamientos que me distraigan de buscarte, que disminuyan mi fe y me alejen de Ti. Señor Jesucristo, dame Tu gracia para velar en oración, para buscarte en intimidad espiritual, y para evangelizar con sentido de urgencia, a fin de preparar el camino para Tu aparición. Te amo, y me uno al clamor del Espíritu que dice: *"¡Ven, Señor Jesús!"*

LA VENIDA DEL SEÑOR Y LA SUPERVIVENCIA DE LA IGLESIA ESTÁN LIGADAS A LA VIGILANCIA Y ORACIONES DE LOS CREYENTES.

RESUMEN

+ El Antiguo Testamento usa la figura matrimonial para ilustrar la relación entre Dios e Israel. El Nuevo Testamento muestra un noviazgo entre Cristo y la iglesia; ese matrimonio aún no ha tenido lugar.

+ A medida que la iglesia remanente crece en amor y fe para poder ser la novia de Cristo, también desarrollará una adoración más pura.

+ La parábola de las vírgenes prudentes e insensatas revela el estado de la iglesia de hoy.

+ En la parábola, el novio revela a Cristo, las diez vírgenes representan la iglesia, las lámparas simbolizan la Palabra de Dios, y el aceite significa el Espíritu Santo y Su poder.

+ Cinco de las vírgenes son descritas como insensatas porque no llevaban suficiente aceite para rellenar sus lámparas. Cuando el novio llega, ellas no están listas para recibirlo. Incluso después de ir a buscar más aceite, se les niega la entrada al banquete de bodas. Las vírgenes insensatas representan a los cristianos que no tienen una relación profunda con Dios, no están continuamente llenos del Espíritu Santo, y serán dejadas en el rapto.

+ La moraleja de la historia es la siguiente: *"Velad, pues, porque no sabéis el día ni la hora en que el Hijo del Hombre ha de venir"* (Mateo 25:13).

+ Sin el Espíritu Santo, la actividad de la iglesia y de los creyentes individuales es mecánica y vacía de la presencia de Dios. La iglesia se convierte simplemente en una institución religiosa en lugar de la casa de Dios.

+ Gran parte de la iglesia de hoy está dormida porque está cansada de andar preocupada por los afanes e inquietudes de la vida. Está espiritualmente tibia, pasiva, indiferente, no comprometida, insensible, seca, ciega, e incluso muerta espiritualmente.

+ La novia es la porción de la iglesia que está despierta, alerta, obediente, comprometida, santa, apasionada y fuerte. Mientras vela y ora, está llena del Espíritu, de la presencia de Dios y de la gloria y el poder del cielo.

+ La novia remanente prepara el camino para la llegada del Novio. La novia predica el evangelio con un sentido de urgencia y manifiesta el poder de Dios con milagros, señales y maravillas.

+ El "clamor de medianoche" es el llamado del Esposo a la novia remanente. Es un llamado a la santidad, consagración y separación para Él. El clamor de medianoche significa el punto de inflexión entre la noche y el día, y por lo tanto representa el cambio.

+ Cuando la novia sea removida de la tierra, el Espíritu Santo también será removido como influencia sobrenatural y barrera contra el mal del mundo.

+ Para calificar como novia remanente, debemos aceptar ser procesados durante los sacudimientos que estamos experimentando en la tierra, estar continuamente llenos del Espíritu Santo, y velar y orar hasta que Cristo venga.

TESTIMONIOS DE SEÑALES DE LOS ÚLTIMOS TIEMPOS

EVANGELISMO SOBRENATURAL

Albert Escoto, de los Estados Unidos, es un dinámico evangelista de los últimos tiempos que Cristo usa poderosamente. A través de la visión del Ministerio El Rey Jesús y el entrenamiento personal de su padre espiritual, el Apóstol Maldonado, ha podido ver la gloria de Dios manifestada en su vida y en las vidas de innumerables personas a las que ministra en las calles.

Creo que lo que más ama Dios son las almas de las personas. Por lo tanto, tengo la pasión de buscar almas perdidas y llevarlas a Cristo. Cuando me convertí, Dios me devolvió la vida y me dio paz en mi corazón. Me sacó del alcoholismo para que pudiera ayudar a liberar a otras personas que tienen esa adicción. Un día, pedí prestado un vehículo para llevar a cinco personas a la iglesia. Ese día, Dios los liberó a todos del alcoholismo y las drogas.

Mi esposa y yo salimos frecuentemente a las calles en busca de los perdidos y los llevamos a la luz de Dios. Hemos visto casos de personas que necesitaban al Señor tanto como nosotros. A medida que hemos ministrado, el Señor ha liberado a miles de personas. Hemos sido testigos de todo tipo de milagros y transformaciones en la vida de las personas. Muchos sólo necesitaban un momento en la presencia de Dios para experimentar Su poder.

Déjenme decirles cómo el Señor ministró a tres mujeres en particular. Una mujer había sido prostituta durante ocho años y había abusado del alcohol y las drogas durante diecisiete años. Otra mujer había participado en una pandilla durante siete años y era drogadicta. Una tercera mujer era incapaz de concebir un bebé. Las trajimos a una reunión en nuestra Casa de Paz, y cada una fue completamente liberada, sanada y restaurada. ¡Cristo las liberó!

La gloria de Dios se está manifestando sobre Su pueblo. Podemos ver que Él quiere que todos los que nos encontramos en las calles lo conozcan a Él y Su reino. Estamos tan agradecidos por lo que el Señor está haciendo a través del evangelismo sobrenatural.

Nicky van der Westhuizen es un pastor de jóvenes en Sudáfrica. Su iglesia está bajo la cobertura espiritual del Ministerio El Rey Jesús, y actualmente están experimentando un movimiento evangelístico radical. ¡Cristo está recogiendo Su remanente de los confines de la tierra!

Básicamente, desde que nos conectamos con el Ministerio El Rey Jesús, nuestra iglesia ha estado creciendo, especialmente entre los jóvenes. El pastor de jóvenes de El Rey Jesús, el Pastor Josué, nos ha dado estrategias para el crecimiento. Este año, hemos visto un sacudimiento, y en sólo siete meses, el número de jóvenes en nuestra iglesia se ha duplicado.

Pero eso no es todo. La gente no sólo viene a la iglesia. ¡Se activan para llevar a las calles lo que han recibido! Esto nunca ha sucedido antes en nuestro ministerio. Y no es como si viéramos a una o dos personas salvadas. Una noche, unos veinte de nosotros salimos a evangelizar, y en menos de veinte minutos, cien personas fueron salvadas. También hubo veinticuatro milagros, que han sido documentados. Por ejemplo, un hombre estaba en una silla de ruedas en medio de un centro comercial, y cuando algunos de nuestros líderes oraron por él, se puso de pie, ¡fue completamente sano!

Uno de nuestros jóvenes que sólo tiene doce años le preguntó a su maestra si conocía a Jesús. Ella le dijo que era católica y que iba a preguntarle al sacerdote. Él respondió: "No le pregunte al sacerdote. Pregúnteme a mí. ¡Jesús está vivo!" En ese mismo momento, él la guió a aceptar a Jesús como su Señor. Hemos visto a Dios moverse radicalmente en cada área de nuestro ministerio, pero Él ha estado levantando especialmente a la juventud de nuestro país. ¡Estamos muy agradecidos por lo que el Señor está haciendo y seguirá haciendo!

CAPÍTULO 7

OCUPAOS HASTA QUE ÉL VENGA

Uno de los temas más controvertidos en la iglesia es el rol de los creyentes en los últimos tiempos. ¿Qué deberíamos hacer exactamente mientras esperamos el regreso de Cristo? ¿Qué espera el Señor de la novia que acude a Él a reclamar? Con todos los problemas de nuestro mundo, ¿deberíamos meternos en una cueva y quedarnos allí hasta el final? ¿O deberíamos continuar viviendo, estudiando, trabajando y desarrollándonos?

Este tema ha dado lugar a varias escuelas de pensamiento teológico. Algunas personas creen que el regreso de Jesús todavía está muy lejos. Concluyen que no hay una urgencia inmediata y que tenemos mucho tiempo para evangelizar y completar la obra de Dios. Otros dicen que, como Cristo regresa pronto, no necesitamos mejorar más nuestras vidas naturales o espirituales; simplemente debemos esperar a que Él regrese. Bíblicamente, ambos enfoques son incorrectos. Si conforme a los propósitos de Dios, Jesús retrasara Su venida, debemos prepararnos diligentemente para Su regreso, tal como el Señor nos exhortó a hacerlo. Y si

Jesús *está* por regresar pronto, debemos prepararnos con un sentido de urgencia aún mayor.

La idea de que no necesitamos tomar ninguna acción porque Jesús regresará pronto es una mentalidad escapista que niega la realidad del mundo en que vivimos y su necesidad de redención. No basta con que nos salvemos. Dios todavía ama a los que no lo conocen y anhela que se conviertan en parte de Su novia remanente. Ese espíritu de escapismo impide que los creyentes hagan lo que Cristo les ha llamado a hacer durante estos últimos días. Evita que la iglesia crezca y se expanda. Dondequiera que hay una mentalidad escapista, los cristianos no viven como la luz del mundo (vea Mateo 5:14); no se multiplican en número de personas salvadas, sanadas y liberadas; tampoco progresan en su vida personal porque piensan: "¿Por qué debería molestarme en ir a la escuela, avanzar en mi carrera o desarrollar planes de evangelización si Cristo viene pronto?"

DESARROLLE UNA MENTALIDAD DE REINO

Sin embargo, en estos últimos días, nuestro Padre celestial quiere que desarrollemos una perspectiva de reino, una mentalidad del "ahora", que anticipe el regreso de Jesús y prepare el camino para Su aparición. Los apóstoles de la iglesia primitiva creían que Jesús volvía en su generación. ¿Cómo respondieron? Predicando continuamente. Exhortaban a los cristianos a vivir vidas santas y a llevar el mensaje del evangelio a otros. Sin embargo, en el primer siglo, las señales de los últimos tiempos que Jesús describió aún no se habían cumplido. La generación actual de creyentes puede saber con gran certeza que la aparición de Cristo en las nubes es inminente, no sólo porque creemos que es así, sino porque las señales se están cumpliendo. ¡Jesús regresa pronto! Puede que incluso vuelva en esta misma década.

En los capítulos anteriores, nos centramos en las señales de los últimos tiempos que se están cumpliendo actualmente o que se cumplirán en breve, incluyendo señales en el ámbito físico como los patrones climáticos extremos, causados por el cambio climático. Quiero referirme

a una señal en concreto: los devastadores y amplios incendios de mato-
rrales. Durante 2019–2020, incendios sin precedentes se produjeron en
Australia después de más de dos años de grandes sequías. A principios
de marzo de 2020, se habían quemado más de 12.6 millones de hectá-
reas y ocasionado la muerte de 33 personas. Se ha estimado que más
de mil millones de animales perecieron.[71] Sólo en Nueva Gales del Sur,
al menos 2,400 hogares fueron destruidos.[72] La NASA informó que
"para el 8 de enero, el humo había viajado alrededor de la mitad de la
Tierra, cruzando América del Sur... Se espera que el humo haga por
lo menos un circuito completo alrededor del globo, volviendo una vez
más a los cielos de Australia".[73] Muchas personas en Australia oraron
por lluvia, pero cuando ésta llegó, causó inundaciones y aludes de lodo y
provocó temor de contaminación de los ríos que amenazó a las especies
animales.[74]

La agitación que hay en la naturaleza se debe al inminente regreso
del Señor. La creación gime por ser redimida de la maldición que ha
sufrido desde la caída de la humanidad:

*Porque el anhelo ardiente de la creación es el aguardar la manifes-
tación de los hijos de Dios. Porque la creación fue sujetada a vani-
dad, no por su propia voluntad, sino por causa del que la sujetó en
esperanza; porque también la creación misma será libertada de la
esclavitud de corrupción, a la libertad gloriosa de los hijos de Dios.*

(Romanos 8:19–21)

71. Joel Werner and Suzannah Lyons, "The Size of Australia's Bushfire Crisis Captured in Five Big Numbers," Australian Broadcasting Corporation (ABC), March 4, 2020, https://www.abc.net.au/news/science/2020-03-05/bushfire-crisis-five-big-numbers/12007716.
72. Bill Chappell, "Officials in Australia's New South Wales Celebrate: 'All Fires Are Now Contained,'" National Public Radio (NPR), February 13, 2020, https://www.npr.org/2020/02/13/805616731/officials-in-australias-new-south-wales-celebrate-all-fires-are-now-contained.
73. "NASA Animates World Path of Smoke and Aerosols from Australian Fires," NASA, January 9, 2020, https://www.nasa.gov/feature/goddard/2020/nasa-animates-world-path-of-smoke-and-aerosols-from-australian-fires.
74. "'Triple Whammy': Drought, Fires and Floods Push Australian Rivers into Crisis," The Guardian, February 12, 2020, https://www.theguardian.com/environment/2020/feb/12/triple-whammy-hits-push-australian-rivers-crisis.

Este tipo de agitación no terminará pronto. Repetidamente escucharemos que otra terrible situación está ocurriendo en algún lugar del planeta. Mientras un país enfrenta incendios forestales descontrolados, otro estará luchando con inundaciones. Mientras una nación lidia con una enfermedad mortal, otra se verá envuelta en una guerra civil. Como vimos antes, muchos países —no sólo los países en desarrollo sino también los desarrollados— están atravesando graves crisis económicas. Los mercados bursátiles se están derrumbando y los gobiernos están luchando por estabilizar las condiciones financieras. Estos acontecimientos de los últimos tiempos tienen el potencial de inhabilitar ciudades y naciones enteras. En un corto período de tiempo, una nación que había sido una potencia mundial podría convertirse en un país del tercer mundo, y nadie podrá detenerlo. ¡No podemos quedarnos sentados esperando durante estos últimos tiempos! ¡Debemos hacer lo que el Señor nos ha llamado a hacer antes de que Él venga!

Algunas personas piensan que su salvación es solo un asunto personal entre ellos y Dios, sin pensar en la condición espiritual de los demás. Sin embargo, desde la perspectiva de Dios, si un creyente asiste a la iglesia y no hace nada para difundir el evangelio y expandir el reino de Dios en la tierra, está pecando. Como exploraremos más a fondo en la siguiente sección, Jesús nos llama a *"hagan negocio"* (Lucas 19:13 NVI), o *"occupy"* (KJV), hasta que Él venga. Sabemos que en Mateo 24, Jesús hizo declaraciones proféticas sobre las señales de los últimos tiempos. En el capítulo 25, Él comenzó a hablar en parábolas porque quería que Sus discípulos respondieran a los mensajes que les acababa de dar. No podemos simplemente escuchar las advertencias y amonestaciones de Jesús; debemos actuar en consecuencia. (Vea Santiago 1:22–24).

En el capítulo 6 de este libro, exploramos una de las dos parábolas que Jesús dio en Mateo 25, la de las vírgenes prudentes e insensatas. Esta parábola describe a la iglesia de los últimos tiempos y a la novia remanente, demostrando la importancia de velar y orar. (Vea Mateo 25:1–13). La otra historia simbólica, que revisaremos en este capítulo, es la parábola de los talentos, que aborda la necesidad de mayordomía y productividad por parte de los creyentes. (Vea los versículos 14–30).

Lo que estas parábolas tienen en común es que, aunque la gente de las historias no sabe *cuándo* el novio o el señor volverá, sí saben que *regresará*. En la primera parábola, las vírgenes tienen que estar velando por la aparición del novio. En la segunda, los siervos tienen que trabajar para multiplicar los bienes de su señor para poder dar cuenta de su mayordomía cuando él regrese.

Hoy estamos en una posición similar. No sabemos el día ni la hora en que Jesús regresará, pero sabemos con certeza que *vendrá*. ¡No tenemos todo el tiempo del mundo para prepararnos para ese día! No sabemos si tenemos uno, dos, cinco, diez, veinte o cien años —mucho menos un día o dos— antes que Él aparezca. Sólo sabemos que Él volverá pronto. Como Su regreso es inminente, no queremos correr el riesgo de ser dejados, ya sea por falta de "aceite" (la presencia y el poder del Espíritu Santo en nuestras vidas) o por descuidar nuestras responsabilidades espirituales.

> **TENER UNA MENTALIDAD DE REINO ES VIVIR COMO SI CRISTO FUERA A REGRESAR MAÑANA Y PLANEAR COMO SI FUERA A VOLVER EN CIEN AÑOS. EN TODO CASO, ¡DEBEMOS PREPARARNOS AHORA!**

LA PARÁBOLA DE LOS TALENTOS

Para entender la parábola de los talentos, necesitamos leer el pasaje completo y luego discutir varios aspectos de la historia.

Porque el reino de los cielos es como un hombre que yéndose lejos, llamó a sus siervos y les entregó sus bienes. A uno dio cinco talentos, y a otro dos, y a otro uno, a cada uno conforme a su capacidad; y luego se fue lejos. Y el que había recibido cinco talentos fue y negoció con ellos, y ganó otros cinco talentos. Asimismo, el que había recibido dos, ganó también otros dos. Pero el que había recibido uno fue y cavó en la tierra, y escondió el dinero de su señor. Después de mucho tiempo vino el señor de aquellos siervos, y arregló cuentas con ellos. Y llegando el que había recibido cinco talentos, trajo otros cinco talentos, diciendo: Señor, cinco talentos me entregaste; aquí tienes, he ganado otros cinco talentos sobre ellos. Y su señor le dijo: Bien, buen siervo y fiel; sobre poco has sido fiel, sobre mucho te pondré; entra en el gozo de tu señor. Llegando también el que había recibido dos talentos, dijo: Señor, dos talentos me entregaste; aquí tienes, he ganado otros dos talentos sobre ellos. Su señor le dijo: Bien, buen siervo y fiel; sobre poco has sido fiel, sobre mucho te pondré; entra en el gozo de tu señor. Pero llegando también el que había recibido un talento, dijo: Señor, te conocía que eres hombre duro, que siegas donde no sembraste y recoges donde no esparciste; por lo cual tuve miedo, y fui y escondí tu talento en la tierra; aquí tienes lo que es tuyo. Respondiendo su señor, le dijo: Siervo malo y negligente, sabías que siego donde no sembré, y que recojo donde no esparcí. Por tanto, debías haber dado mi dinero a los banqueros, y al venir yo, hubiera recibido lo que es mío con los intereses. Quitadle, pues, el talento, y dadlo al que tiene diez talentos. Porque al que tiene, le será dado, y tendrá más; y al que no tiene, aun lo que tiene le será quitado. Y al siervo inútil echadle en las tinieblas de afuera; allí será el lloro y el crujir de dientes. (Mateo 25:14–30)

LOS MAYORDOMOS DE DIOS

La parábola de los talentos se basa en la "ley del incremento", que es un principio de reino. En la parábola, un hombre nombra a tres de sus siervos como mayordomos. Un mayordomo es alguien que supervisa el dinero, los bienes o la casa de otro. Cuando el Señor Jesús ascendió al cielo, Él confió la administración de Su reino en la tierra —Su ministerio, mensaje, iglesia, dones y poder— a Sus discípulos. A los creyentes del siglo veintiuno se les confía la misma mayordomía.

"Después de mucho tiempo vino el señor de aquellos siervos, y arregló cuentas con ellos" (Mateo 25:19). Cuando Jesús regrese, nos pedirá cuentas de lo que hemos hecho con los recursos que nos ha dado, así como el señor de la parábola les pidió a sus siervos que rindieran cuentas de los bienes sobre los que les había dado mayordomía. Tendremos que dar cuenta de nuestra vida, familia, ministerio, ocupación, dones espirituales, recursos, dinero, tiempo, fe, etc. De esta parábola, aprendemos que nada nos pertenece. Todo lo que tenemos le pertenece a Jesús, que es el Señor de todo. Él es el Dueño, y nosotros somos Sus siervos, llamados a administrar Sus bienes.

Debemos entender realmente que tendremos que explicarle a Jesús lo que hemos hecho con todo lo que nos ha dado durante nuestra vida. Nadie quiere ser responsable de lo que ha hecho; no es algo que nos venga naturalmente. Por esa razón, tenemos que aprender a caminar en el temor de Dios. *"Y si invocáis por Padre a aquel que sin acepción de personas juzga según la obra de cada uno, conducíos en temor todo el tiempo de vuestra peregrinación"* (1 Pedro 1:17).

Muchos creyentes quieren que Cristo regrese, pero no piensan en el hecho de que, cuando Él vuelva a la tierra, habrá un día de juicio final. En el juicio, el Señor nos confrontará a cada uno, y nos preguntará: "¿Qué has hecho con Mis bienes? ¿Has sido fiel con lo que Te he dado? ¿Has producido algo con eso? ¿Lo has multiplicado? ¿Dónde está el fruto?" El Señor nos hará pregunta tras pregunta.

Seremos responsables ante Dios por la forma como hemos vivido nuestras vidas, porque el reino no es un juego, tampoco es para la gente que quiere actuar de forma independiente, sin someterse a la autoridad pertinente. En la parábola de los talentos, el siervo que era cobarde, improductivo e irresponsable fue rechazado y arrojado a las *"tinieblas de afuera"*. (Vea Mateo 25:30). Una vez más, debemos desarrollar un saludable temor de Dios y reconocer que Él puede rechazarnos si ignoramos la esencia de Su mensaje de reino y lo que nos ha llamado a hacer.

HAGA LOS NEGOCIOS DE DIOS

En la parábola de las minas, la cual es una variación de la parábola de los talentos, el mandato del maestro es un poco más explícito: *"Llamó a diez de sus siervos y entregó a cada cual una buena cantidad de dinero. Les instruyó: 'Hagan negocio con este dinero hasta que yo vuelva'"* (Lucas 19:13 NVI). En esta narración, así como en la parábola de los talentos, cuando el señor confió sus riquezas a sus siervos, su intención era que trabajaran con ellas y las multiplicaran; por eso les dijo, *"Hagan negocio"* con ellas.

En ambas parábolas, Jesús hablaba simbólicamente de lo que los cristianos deberíamos hacer antes de Su regreso. Es interesante que haya usado la frase *"hagan negocio"*, que se refiere a hacer transacciones para obtener una ganancia. El dueño de las minas esperaba que sus siervos multiplicaran activamente su riqueza mientras él estaba fuera. Jesús les estaba diciendo a Sus discípulos que ellos deberían comprometerse con Sus empresas y multiplicarlas invirtiendo y trabajando en ellas para hacerlas crecer. En Mateo 25:16–17, vemos que los siervos fieles obtuvieron un beneficio con los talentos que habían recibido: *"Y el que había recibido cinco talentos fue y negoció con ellos, y ganó otros cinco talentos. Asimismo, el que había recibido dos, ganó también otros dos."*

> **UNA PERSONA QUE ESTÁ ESTANCADA, QUE NO PRODUCE NI MULTIPLICA LO QUE EL SEÑOR LE HA DADO, ANTE DIOS ESTÁ PECANDO.**

Recordemos que cuando Jesús estuvo en la tierra, se centró en hacer los negocios de Su Padre. *"Entonces él les dijo: ¿Por qué me buscabais? ¿No sabíais que en los negocios de mi Padre me es necesario estar?"* (Lucas 2:49). ¿Cuál es el negocio del Padre? Es proclamar la Palabra de Dios;

orar; ayunar; multiplicar y expandir Su reino en la tierra; traer salvación, sanidad y milagros; echar fuera demonios, restaurar familias; y ser productivo y fructífero en la iglesia y en el mercado, tal como lo hicieron Jesús, Sus discípulos y la iglesia primitiva.

Estos son tiempos en los que debemos estar ocupados haciendo lo que el Señor nos ha mandado hacer, y con sentido de urgencia. (Vea Filipenses 2:12–13). Aunque nunca debemos ser casuales, cobardes o negligentes acerca de nuestra mayordomía de los recursos de Dios, esto es aún más cierto en los últimos tiempos. En el mundo de los negocios, la mayoría de empleados no conservarían sus puestos ni avanzarían en sus carreras si fueran improductivos en sus trabajos, porque no están haciendo aquello para lo que fueron contratados. Asimismo, nuestro Señor espera que seamos productivos comprometiéndonos en los negocios del Padre y dando fruto para Su reino.

"SEA FRUCTÍFERO Y MULTIPLÍQUESE"

La parábola de los talentos no presenta un concepto nuevo o inusual cuando habla de "hacer negocios" para el Señor. Más bien, este ha sido el plan de Dios desde el principio. *"Fructificad y multiplicaos"* fue el mandato original del Creador para los seres humanos: *"Y los bendijo Dios, y les dijo: Fructificad y multiplicaos; llenad la tierra, y sojuzgadla, y señoread en los peces del mar, en las aves de los cielos, y en todas las bestias que se mueven sobre la tierra"* (Génesis 1:28).

> **AUNQUE DECIDA QUE QUIERE SER EL DUEÑO Y NO EL MAYORDOMO DE LO QUE DIOS LE HA DADO, DE TODAS MANERAS USTED ES RESPONSABLE ANTE ÉL Y TENDRÁ QUE DAR CUENTAS DE LA FORMA COMO HA VIVIDO SU VIDA.**

Nadie tiene una excusa ante Dios para permanecer inactivo o sin dar frutos. El Señor le ha dado a cada creyente uno o más "talentos" o dones, y espera que los usemos. Un talento puede ser un don espiritual o una habilidad natural. Puede ser dinero, recursos, posesiones, objetos, lugares, riquezas, fe, unción, bendiciones o personas. No importa cuántos talentos tengamos, o el tipo de ellos, Cristo nos los ha confiado para que los desarrollemos y multipliquemos, para que podamos presentarle los resultados cuando Él regrese. Dios nos ha dado tantas cosas buenas. ¿Qué está haciendo usted con lo que Él le ha dado?

OCUPAOS

"Llamó a diez de sus siervos y entregó a cada cual una buena cantidad de dinero. Les instruyó: 'Hagan negocio con este dinero hasta que yo vuelva'" (Lucas 19:13 nvi). La Biblia King James Version (kjv) usa la palabra *"occupy,"* que se traduce como "ocupaos", en lugar de *"hagan negocio"*. En griego, esta palabra transmite la idea de "ocuparse alguien de", "comerciar" u "ocupar". El término *occupy* viene del inglés medieval *occupien*, que significa "tomar posesión de, mantener, habitar, ocupar un espacio, llenar, mantener ocupado". Esta palabra a veces tiene una connotación militar, y hace referencia a un ejército que se hace cargo de un territorio conquistado. Mientras esperamos el regreso de Cristo, estamos llamados a entrar y ocupar los territorios que Dios nos ha dado para administrarlos a favor de Su reino.

La mayoría de predicadores que hablan de la venida del Señor no mencionan nuestra responsabilidad de estar en los asuntos del Padre, ocupando los territorios que nos ha dado. De nuevo, la razón por la que muchos cristianos no actúan asumiendo esta responsabilidad es que tienen una mentalidad de escapismo de los últimos tiempos, en lugar de una mentalidad de servicio continuo a Dios.

A medida que "hacemos negocios", o nos "ocupamos" anticipadamente del regreso del Señor, no podemos perder de vista el hecho de que estamos involucrados en una guerra espiritual. Cuando olvidamos esto, ocurren dos cosas: no producimos frutos, y nos damos por vencidos.

Cuando un ejército está en guerra, ningún soldado puede ser perezoso o improductivo. La guerra nos mantiene alerta porque la vida de la gente está en juego.

El hecho es que cuando los creyentes se comprometen a ser productivos, a expandirse y multiplicarse para el reino de Dios, Satanás intensifica inmediatamente su guerra contra ellos. Busca incapacitar a esas personas o incluso quitarles la vida. *"Porque no tenemos lucha contra sangre y carne, sino contra principados, contra potestades, contra los gobernadores de las tinieblas de este siglo, contra huestes espirituales de maldad en las regiones celestes"* (Efesios 6:12). La buena noticia es que Cristo ya derrotó a Satanás, y ahora Él pelea por nosotros. Jesús ya pagó el precio de nuestra libertad espiritual y nos empoderó cuando vino a la tierra, murió en la cruz y resucitó. (Vea Romanos 8:31–37). El cielo nos ha dado los recursos que necesitamos para pelear batallas espirituales contra el enemigo, comenzando con la presencia permanente del Espíritu Santo. Tenemos el poder del Espíritu, la Palabra de Dios, el nombre de Jesús, y la sangre del Cordero para hacer cumplir la victoria que Cristo ya ganó.

A medida que se acerca el momento de la venida del Señor, tomemos más territorio, ganemos más almas y hagamos más discípulos. Expandámonos y seamos productivos para el reino. Que cuando Jesús regrese, nos encuentre velando, orando y haciendo activamente los negocios del Padre.

EL PROPÓSITO DE TODA GUERRA ES LA VICTORIA, LUEGO LA OCUPACIÓN Y FINALMENTE LA EXPANSIÓN.

¡NO SEA UN LADRÓN ESPIRITUAL!

Uno de los mayores problemas de la iglesia hoy en día es que toleramos la improductividad, como si los principios del reino hubieran cambiado. Sin embargo, como Jesús nos dijo, todo lo que no produzca frutos sea cortado. *"Todo pámpano que en mí no lleva fruto, [Dios] lo quitará; y todo aquel que lleva fruto, lo limpiará, para que lleve más fruto"* (Juan 15:2).

En la parábola de los talentos, el amo trató severamente al siervo que no había producido nada con lo que se le había dado:

> *Pero llegando también el que había recibido un talento, dijo: Señor, te conocía que eres hombre duro, que siegas donde no sembraste y recoges donde no esparciste; por lo cual tuve miedo, y fui y escondí tu talento en la tierra; aquí tienes lo que es tuyo. Respondiendo su señor, le dijo: Siervo malo y negligente, sabías que siego donde no sembré, y que recojo donde no esparcí. Por tanto, debías haber dado mi dinero a los banqueros, y al venir yo, hubiera recibido lo que es mío con los intereses. Quitadle, pues, el talento, y dadlo al que tiene diez talentos. Porque al que tiene, le será dado, y tendrá más; y al que no tiene, aun lo que tiene le será quitado.* (Mateo 25:24–29)

El señor llama al tercer siervo *"malo y negligente"*. La palabra griega traducida como *"negligente"* también puede ser traducida como "retardado", "indolente" o "fastidioso". Debemos tener cuidado de no desarrollar las mismas características al descuidar el servicio fiel a Dios y a Su reino. Alguien que es improductivo para el reino puede ser considerado un "ladrón espiritual".

El siervo de la parábola no fue fructífero. En su defensa dijo que su falta de acción se debió al miedo, pero el señor lo llamó *"inútil"*: *"Y al siervo inútil echadle en las tinieblas de afuera; allí será el lloro y el crujir de dientes"* (Mateo 25:30). El siervo pudo haberse quedado paralizado por el miedo, pero esa no es una excusa válida para no hacer nada con su talento. La Escritura nos dice que ni los ladrones ni los cobardes entrarán en el reino de Dios. (Vea 1 Corintios 6:9–10; Apocalipsis 21:8). Siempre que tengamos miedo de hacer algo que Dios nos ha llamado a hacer, debemos recordarnos a nosotros mismos estas porciones de la Escritura y creer que el Espíritu Santo trabajará a través de nosotros:

Estas cosas os he hablado para que en mí tengáis paz. En el mundo tendréis aflicción; pero confiad, yo he vencido al mundo.

(Juan 16:33)

Porque Dios es el que en vosotros produce así el querer como el hacer, por su buena voluntad. (Filipenses 2:13)

Porque no nos ha dado Dios espíritu de cobardía, sino de poder, de amor y de dominio propio. (2 Timoteo 1:7)

Necesitamos producir, justo desde donde estamos en este momento, ya sea en casa, en el trabajo, en la iglesia, en nuestro ministerio o en cualquier otro lugar. Debemos caminar en el temor de Dios, reconociendo que un día seremos juzgados y tendremos que dar cuenta de lo que hemos hecho con los dones que recibimos del Señor.

Permítame concluir esta sección diciéndole algo que no se predica en la mayoría de iglesias: ¡la improductividad conduce a la deuda! Cuanto más se abstenga de dar sus talentos y recursos para servir a Dios, más deuda tendrá. Esta deuda puede tomar la forma de una carencia laboral, financiera, material, emocional o espiritual. Por el contrario, ser fiel en el dar es la clave para ser productivo en el reino, porque dar es sembrar, y todo lo que siembre siempre dará su fruto correspondiente. (Vea Gálatas 6:7–8).

> **LA IMPRODUCTIVIDAD Y LA PEREZA SON MALA MAYORDOMÍA. AMBAS LE COSTARÁN SU LUGAR EN EL REINO, LO HARÁN ENDEUDARSE Y LO MANTENDRÁN EN LA TIERRA DURANTE EL RAPTO.**

PASOS PARA LLEGAR A SER UN SIERVO FRUCTÍFERO

Entonces, ¿cómo podemos convertirnos en siervos que le demos ganancia a Dios? Veamos varias formas prácticas como podemos ser productivos en el reino mientras esperamos la llegada del Señor Jesús.

ESTÉ EN EL LUGAR DE SU ASIGNACIÓN

No me elegisteis vosotros a mí, sino que yo os elegí a vosotros, y os he puesto para que vayáis y llevéis fruto, y vuestro fruto permanezca; para que todo lo que pidiereis al Padre en mi nombre, él os lo dé.

(Juan 15:16)

El lugar donde el Señor nos ha asignado es el único sitio donde seremos fructíferos. Allí podemos avanzar en el cumplimiento de nuestro propósito y obtener los recursos que necesitamos para completarlo. Ningún soldado que lucha en una batalla elige su propia asignación. Más bien, recibe su asignación y posición de aquellos que están al mando. Dios es nuestro Comandante en Jefe, y nos ha asignado un tiempo, lugar, etnia, pueblo y cultura. Lo hace con la expectativa de que allí "hagamos negocios" y ocupemos ese territorio para expandir Su reino. De nuevo, sólo en este territorio —en ningún otro— seremos capaces de prosperar.

Hay un lugar en los negocios, las artes, la música, los deportes, la ciencia, la banca, la familia, y otras áreas esperando por cada uno de nosotros. Tenemos un puesto del que somos responsables hasta que Cristo regrese. Debemos estar atentos allí, no en otra parte. Tenga en cuenta que Dios puede guiarnos en varias direcciones durante nuestras vidas, por lo que siempre tenemos que seguir la guía del Espíritu con respecto a dónde nos está posicionando. Dondequiera que sea, debemos cumplir con el llamado general que nos ha hecho, y allí debemos ser fieles. En la antigüedad, si un soldado romano dejaba su puesto, le costaba la vida. En el mundo espiritual, descuidar nuestro lugar de asignación podría resultar en que seamos dejados cuando Jesús aparezca.

Como apóstol de Dios, mi trabajo es velar por el puesto que Dios me ha dado y ayudar a otras personas a entender sus asignaciones, incluso guiándolas a sus puestos específicos. Si usted es médico, contador, abogado, empresario, apóstol, pastor o evangelista, ese es su puesto, y debe cumplir con su asignación de reino. Recuerde que no puede estar en el reino sin producir fruto, así que pídale al Espíritu Santo que le revele su asignación y luego comience a velar, orar y producir desde allí.

CONOZCA Y CUMPLA SU PROPÓSITO

Cuando encontramos nuestro propósito, también encontramos nuestra prosperidad porque Dios provee para el cumplimiento de cualquier propósito que Él mismo ha diseñado. Muchos no pueden prosperar y, por lo tanto, viven en la pobreza porque se esfuerzan por cumplir un propósito para el cual no fueron creados. Las personas no encontrarán su prosperidad si se comprometen a hacer algo que no está conectado a la razón para la cual Dios los hizo. Para entender nuestro propósito, necesitamos conocer a nuestro Padre celestial íntimamente a través de la oración. Allí es donde Él nos revela nuestra identidad y, con ella, la idea que tenía en mente cuando nos dio la vida. Si conocemos el plan de Dios para nosotros y lo seguimos, no permaneceremos estériles ni infructuosos. En su lugar, multiplicaremos los dones que hemos recibido para poder presentar nuestro fruto al Señor a Su regreso.

CUALQUIER TERRITORIO QUE SE LE ASIGNE ESTÁ RELACIONADO CON SU PROPÓSITO.

INVIERTA EN LO QUE ES ETERNO

Todo lo que es eterno crecerá e impactará generaciones. Debemos entender que no todo lo que sembramos tiene un impacto eterno. Necesitamos la sabiduría de Dios para invertir en lo que perdurará.

Sin esa sabiduría, podemos pensar que estamos comprometidos en los objetivos correctos, pero, en realidad, podemos estar sembrando en algo meramente temporal y perecedero. Para invertir en lo eterno, tenemos que sembrar algo que tenga el poder de multiplicarse y afectar positivamente el destino de personas y lugares. Por ejemplo, podemos invertir en el evangelio, en la salvación de personas, en la nación de Israel, en la manifestación del poder del Espíritu Santo, y así sucesivamente, siempre por medio de la guía y sabiduría del Espíritu de Dios.

Debemos tener en cuenta que la condición para experimentar el incremento de Dios en cualquier área de nuestra vida es usar lo que Él nos ha dado. Todo lo que el Señor nos imparte es para los propósitos del reino. Una vez más, nuestra mayordomía se mide por lo que hacemos con nuestros dones en la tierra, mientras aguardamos el regreso de Jesús. Dios promete coronas a aquellos que han invertido sus vidas en lo que es eterno. (Vea 2 Timoteo 4:8; Santiago 1:12; Apocalipsis 2:10).

TODO INCREMENTO DEBERÍA SER PARA BENEFICIO DEL REINO.

SEA ENVIADO

Como mencioné anteriormente, es vital para nosotros conocer el territorio particular al que Dios nos ha asignado, porque está conectado a nuestro propósito y llamado. Además, tenemos que reconocer que la autoridad reposa sobre la persona que es asignada a un territorio. Por lo tanto, debemos ser debidamente enviados a nuestro lugar de asignación para poder ejercer autoridad. Por eso, aunque entendamos nuestro propósito, asignación y territorio, necesitamos que alguien con autoridad espiritual sobre nosotros nos respalde y nos envíe.

*Después de estas cosas, **designó el Señor también a otros setenta, a quienes envió** de dos en dos delante de él a toda ciudad y lugar adonde él había de ir.* (Lucas 10:1)

*Ministrando éstos al Señor, y ayunando, dijo el Espíritu Santo: Apartadme a Bernabé y a Saulo para la obra a que los he llamado. **Entonces, habiendo ayunado y orado, les impusieron las manos y los despidieron.*** (Hechos 13:2–3)

Todo aquel que es enviado por Dios es empoderado por Él. Los creyentes que son comisionados por Jesús tienen el más alto nivel de autoridad espiritual en su esfera de influencia. Los ángeles del Señor caminan con ellos y los guardan. En cambio, los que no han sido enviados carecen de autoridad y no pueden dar órdenes a principados y poderes espirituales malignos. Los principados y poderes reconocen la diferencia entre alguien que Dios ha enviado y alguien que simplemente ha llegado por su cuenta y está trabajando de acuerdo con su propio poder. (Vea Hechos 19:11–17).

Hoy en día, vemos muchas bajas producto de la guerra espiritual que involucra a personas que no fueron enviadas, o que están tratando de trabajar en un área para la cual no han sido llamadas. Esas son también algunas de las razones por las cuales muchos cristianos, iglesias y ministerios no crecen. No es que no sean ungidos, sino que en el ámbito espiritual su autoridad no es reconocida. Esas personas pueden orar y ayunar, pero aun así no lograr lo que se proponen porque no fueron enviadas. Sin embargo, cuando alguien es enviado por Dios y por sus líderes espirituales, incluso los principados y poderes reconocerán su autoridad y obedecerán sus órdenes.

Cuando envío gente al ministerio, hago que se les reconozca delante de la congregación, porque además de saber que esto les empodera en la presencia de Dios y en el ámbito espiritual, también entiendo que la iglesia debe ser testigo de su llamado y comisión. Más aún, cualquiera que recibe una comisión ya ha sido procesado por Dios. Esto significa que ha madurado en su carácter y que puede manejar la unción, los dones, el poder y la gracia que Dios le confía para multiplicarse en su territorio. Recuerden que la madurez es uno de los requisitos para ser parte de la novia remanente que prepara el camino para la venida de Cristo y está lista para irse con Él en el rapto. Por lo tanto, para perseguir nuestro propósito dado por Dios y ocupar un territorio para el reino, debemos estar dispuestos a someternos a un proceso de desarrollo del carácter que nos lleve a ser comisionados.

> **DONDEQUIERA QUE DIOS NOS ENVÍE, ÉL NOS DA UN TERRITORIO Y LA AUTORIDAD PARA OPERAR ALLÍ. SÓLO BAJO ESAS CONDICIONES PODEMOS SER FRUCTÍFEROS.**

OCUPADO EN LOS NEGOCIOS DE NUESTRO PADRE

En este capítulo, hemos examinado una verdad crucial relacionada con el discipulado cristiano: antes que Jesús ascendiera al cielo, dejó instrucciones para que cada creyente hiciera buen uso de los dones y habilidades que Dios le ha dado. Él espera que cada uno de nosotros sea productivo hasta que Él regrese. Debemos mantenernos ocupados en los negocios de nuestro Padre, tal como Jesús siempre estuvo comprometido con los negocios del Padre mientras estuvo en la tierra. Jesús quiere ver frutos que se reflejen en la expansión del reino, en almas ganadas, en sanidades comprobadas, y mucho más.

¿Está preparado para rendirle cuentas de su vida a Jesús? ¿Sabe si está en el lugar de su asignación? Si es así, ¿se mantiene ocupado allí? ¿Está haciendo los negocios del Padre? ¿Está siendo un buen mayordomo de Sus bienes? ¿Ha multiplicado sus dones? ¿Ha expandido el reino? En estos últimos días, no podemos escondernos en una cueva y no hacer nada, bajo la excusa de que "Jesús viene mañana". El Señor fue claro en Sus intenciones cuando le habló a Sus discípulos, y Sus palabras son igual de claras para nosotros: "Quiero que hagas negocios con tus talentos. Sé productivo hasta que Yo regrese". Si siente que este desafío es para usted, por favor haga la siguiente oración junto conmigo:

Señor Jesús, Te pido que me reveles mi propósito y lugar de asignación para que pueda ser un buen soldado y ocupar el territorio que Tú has puesto a mi cargo. Empodérame para cumplir ese propósito. Reconozco que me has dado dones y talentos para usar en la tierra hasta que vuelvas por Tu novia remanente. No quiero ser hallado negligente, malo o inútil cuando regreses y me pidas que dé cuentas de lo que he hecho con todo lo que me has concedido. Hoy Te pido gracia, fuerza y sabiduría para producir y multiplicar los dones y habilidades que has puesto a mi cuidado. Me comprometo a trabajar en Tu nombre y a dar mucho fruto para Tu reino. Pon el temor de Dios en mí para que actúe responsablemente con lo que me has confiado. Dame un sentido de urgencia de los últimos tiempos para que siempre esté alerta, difundiendo el evangelio dondequiera que voy.

Señor Jesús, que a Tu regreso me encuentres velando, orando, trabajando y produciendo. Que puedas decirme: *"Bien, buen siervo y fiel... entra en el gozo de tu señor"*. ¡Ven pronto, Señor Jesús!

RESUMEN

- Uno de los temas más controvertidos en la iglesia es el rol de los creyentes en los últimos tiempos, incluyendo lo que, específicamente, debemos hacer mientras esperamos el regreso de Cristo.

- Este tema ha dado lugar a varias escuelas de pensamiento teológico, incluyendo las siguientes: (1) El regreso de Jesús está todavía muy lejos, así que hay mucho tiempo para predicar el evangelio y completar la obra de Dios sin tener un sentido de urgencia. (2) Jesús regresará mañana, así que no necesitamos mejorar más nuestra vida natural o espiritual (la teología del escapismo).

- En la parábola de los talentos, el señor nombra a tres de sus siervos como mayordomos, dándoles diferentes cantidades de su riqueza para que se hagan cargo de ella mientras él está de viaje. A su regreso, los llama a cada uno de ellos para que rindan cuentas de su mayordomía.

- En la parábola de las minas, que es similar a la anterior, *"hagan negocio"* (Lucas 19:13 NVI) se refiere a hacer transacciones para obtener una ganancia.

- Los siervos que recibieron múltiples talentos duplicaron lo que el señor les había dado. A su regreso, el señor los elogió y recompensó.

- El siervo que recibió un único talento tuvo miedo de su amo. Enterró su talento en el suelo de modo que, cuando fue llamado a rendir cuentas de su mayordomía, simplemente devolvió el dinero original a su señor sin haber producido ningún beneficio con él. El amo trató a este sirviente como inútil, malo y negligente. Le quitó el único talento y lo echó a las *"tinieblas de afuera"* (Mateo 25:30).

- Desde el principio de la creación, uno de los principales mandamientos de Dios a los seres humanos ha sido, *"Fructificad y multiplicaos"* (Génesis 1:28).

+ Uno de los mayores problemas de la iglesia hoy en día es que toleramos la improductividad.

+ La improductividad conduce a la deuda. Esta deuda puede tomar la forma de una carencia laboral, financiera, material, emocional o espiritual.

+ Algunas formas prácticas de ser productivo en el reino mientras esperamos el regreso de Jesús son las siguientes: estar en el lugar asignado, conocer y cumplir el propósito, invertir en lo que es eterno y ser enviado.

+ Tener una mentalidad de reino significa estar siempre produciendo frutos y estar siempre listo para la llegada de Cristo, ya sea que finalmente regrese mañana o dentro de cien años.

TESTIMONIOS DE SEÑALES DE LOS ÚLTIMOS TIEMPOS

EXPANSIÓN DEL REINO EN LOS ÚLTIMOS TIEMPOS

El pastor Paulo Tércio Silva, de São Paulo, Brasil, tiene un sentido de urgencia de predicar el evangelio del reino en su ciudad, su país y el resto del mundo. Está ocupado implementando varias estrategias evangelísticas, multiplicando lo que el Padre le ha dado y cumpliendo su propósito en el territorio que Dios le ha asignado.

En nuestro ministerio, tenemos tres estrategias principales para la evangelización. Primero, los sábados, salimos a las estaciones de tren de São Paulo y predicamos el evangelio a la gente que viaja. También oramos por sus necesidades. En una ocasión, conocimos a un sordo y le preguntamos si podíamos orar por él. ¡El Señor lo sanó completamente en el acto! En otra ocasión, vimos a una mujer comprando alcohol. Cuando hablamos con ella, nos dijo que quería emborracharse porque se había peleado con su marido y había decidido dejarlo. También nos dijo que ella había sido pastora. Le predicamos y oramos por ella, y fue llena del Espíritu Santo allí mismo. Hoy, su matrimonio ha sido restaurado, ¡y ella ha vuelto a dirigir su iglesia! En otra cita divina, hablamos con un chico que viajaba en un autobús, le explicamos acerca del amor de Dios. Nos dijo que nunca había sentido ese amor del que hablábamos, así que oramos por él, y fue bautizado en el Espíritu Santo.

Nuestra segunda estrategia es elegir una calle cerca de nuestra iglesia y dedicar un mes a ir casa por casa predicando el evangelio; dando palabra profética, de ciencia y de sabiduría; y orando por sanidades. Después de cuatro semanas, les preguntamos a las personas que han respondido al evangelio si les gustaría prestar su casa para hacer Casa de Paz; así establecemos un grupo que se reúne en una casa del vecindario. En una de esas calles conocimos a una mujer que sufría de depresión y estaba muy enferma de cáncer. Empezamos una Casa de Paz en su casa, y ella trajo a todos sus vecinos a la reunión. Hoy en día, ella está libre de la depresión, y creemos que también pronto estará libre del cáncer.

Nuestra tercera estrategia es ir a un centro comercial cercano cada semana para hablar con la gente sobre Cristo, orar por sanidades, e incluso echar fuera demonios. Luego, a aquellos que contactamos los invitamos a venir a los servicios de nuestra iglesia. Una vez oramos por una mujer y le dimos palabra de ciencia sobre un pie que tenía herido; ella fue sanada y recibió a Jesús en su corazón. Conocimos otra mujer que estaba ciega de un ojo y tenía programada una cirugía. Después de orar por ella, también fue sanada inmediatamente. Hemos compartido el evangelio con unas cinco mil quinientas personas, y más de mil han confesado a Jesús como su Señor y Salvador. Los obstáculos más difíciles que encontramos para el evangelismo son la religiosidad y la idolatría de la gente. Algunas iglesias que operan según esas mentalidades persiguen a las otras que se mueven en el poder del Espíritu Santo. El espíritu de esta época está tratando de confundir y separar a las personas.

Tengo una pasión ardiente en mi corazón por llevar el evangelio y los milagros a las iglesias, a nuestra ciudad y a todo tipo de personas: ateos, hindúes, traficantes de drogas, políticos, ricos, pobres, enfermos. Quiero llegar a la gente a través del arte, la cultura, la música, la literatura, los negocios y más. La expansión del reino es urgente porque no hay tiempo que perder. Además, siento la necesidad de santidad en la iglesia. Desafortunadamente, los falsos profetas están difundiendo mensajes seductores contra el temor de Dios, la humildad y la familia. El orgullo precederá a la caída de cualquier iglesia que piense que el compromiso con Dios y la expansión del reino no son cruciales en estos tiempos finales. Todo lo que necesitamos para cumplir con los propósitos de Dios está disponible para nosotros en el ámbito espiritual, pero debemos hacer Su voluntad, ¡llenos del Espíritu Santo! Hemos visto al Señor moverse en nuestra congregación, especialmente en la evangelización. Estamos esperando el regreso de Jesús, pero estamos siendo diligentes mientras esperamos.

Los pastores Genemar y Abigaile Corpuz de Hawai fueron activados por el Espíritu Santo cuando escucharon al apóstol Maldonado predicar sobre el poder sobrenatural de Dios a través de YouTube. Hoy en día, son parte del remanente que prepara el camino para Jesús, multiplicando afanosamente lo que Dios les ha dado mientras esperan el regreso de Cristo. La pastora Abigaile testifica:

Antes que nos conectáramos con el Ministerio El Rey Jesús, nuestra iglesia estaba estancada y nuestra membresía fluctuaba. Le pregunté al Señor cómo podía experimentar más de Su poder y presencia, y le dije que quería más de Él. Mi computadora estaba cerca, y mientras navegaba por internet, sin querer me encontré con un video del Apóstol Maldonado en YouTube. Estaba predicando sobre cómo ser transformado por la presencia de Dios. En ese momento, mi oración fue contestada. El Espíritu Santo me llenó con Su presencia, y pude experimentar Su poder.

El pastor Genemar continúa:

Las enseñanzas del apóstol eran tan diferentes de las que había escuchado antes e impactaron mi corazón. Desde entonces, mi hambre y sed de Dios han aumentado. Le pedí a mi esposa que comprara los libros del Apóstol Maldonado y le dije que era hora que nos activáramos en el poder del Señor. Esos libros nos llevaron a ser transformados por la presencia de Dios, tanto que empezaron a ocurrir milagros en nuestra iglesia. Una mujer que tenía cáncer de pulmón en fase 4 fue sanada por el poder de Dios. Un hombre estaba programado para cirugía porque sufría de diabetes y cataratas y había quedado ciego de su ojo derecho. Ese hombre pidió que oráramos para que la operación tuviera éxito, pero le dije que oraría por su sanidad. Empezó a llorar y a creer que era posible. Esa semana, cuando le llamé para preguntarle sobre la operación, empezó a llorar por teléfono. Dijo que se había revisado el ojo derecho tres veces antes de la operación y se sorprendió al ver que podía leer tanto las letras grandes como las pequeñas en la tabla optométrica. El doctor no podía creer el cambio. Le preguntó qué había hecho con su ojo, y él respondió que su pastor había orado por él. ¡La operación fue cancelada porque ya no la necesitaba!

Dios nos ha abierto muchos medios de comunicación para difundir el mensaje de Su poder sobrenatural. Tenemos un programa de radio, y recibimos llamadas y mensajes de personas de varias naciones que han escuchado nuestras transmisiones. También transmitimos nuestro servicio de iglesia por internet. Había una mujer en un hospital que llevaba ocho días en coma. Con autorización de la familia, los médicos de esta mujer ya habían fijado fecha y hora para desconectar todas las máquinas que le daban soporte vital porque estaba en estado vegetativo y no había ninguna esperanza de recuperación. Sin embargo, un amigo de la mujer en coma estaba viendo nuestro servicio por internet mientras estaba sentado a su lado en el hospital.

Después de ver la transmisión de nuestro servicio, este amigo nos llamó y pidió oración. ¡La mujer revivió! ¡Gloria al Dios vivo! ¡Ella fue resucitada por el poder del Espíritu Santo!

Durante un viaje misionero, ministramos a un hombre en silla de ruedas que no podía ver por su ojo derecho ni oír por su oído derecho, y fue sanado de inmediato. Allí mismo, lo vimos caminar de nuevo, y sus sentidos comenzaron a volver a la normalidad. También activamos a muchos creyentes para hacer milagros. Además, nuestra hija de catorce años ha sido activada y está guiando a los jóvenes de nuestra iglesia, ministrándoles liberación y sanidad. Damos gracias a Dios por levantar a esta generación con una cultura sobrenatural que le da gloria a Él.

CAPÍTULO 8

PREPARANDO EL REGRESO DE JESÚS

La novia remanente debe estar lista para la llegada de su Novio! El Espíritu Santo ha revelado, y sigue revelando, cómo debemos prepararnos para este gran acontecimiento. En este capítulo final, quiero repasar algunas claves bíblicas indispensables para nuestra preparación, las cuales el Espíritu de Dios me ha recalcado.

PERMITA QUE JESÚS LO PURIFIQUE Y CONSAGRE

Es Cristo quien prepara a Su novia. Cuando dio Su vida por nosotros, Jesús hizo una total provisión: espiritual, emocional y física. Él pagó el precio para rescatarnos del pecado, redimiéndonos totalmente. Ahora, nos refina para que podamos presentarnos ante Sí mismo como una novia pura. Por eso nuestro primer paso debe ser responder al proceso de Jesús de purificar nuestra vida. Tenemos que hacer nuestra parte para que Dios pueda hacer la suya. Recuerde esta revelación, ya que es fundamental sobre el tipo de novia por la que Cristo viene:

Maridos, amad a vuestras mujeres, así como Cristo amó a la iglesia, y se entregó a sí mismo por ella, para santificarla, habiéndola

purificado en el lavamiento del agua por la palabra, a fin de presen-
társela a sí mismo, una iglesia gloriosa, que no tuviese mancha ni
arruga ni cosa semejante, sino que fuese santa y sin mancha.

(Efesios 5:25–27)

Es bueno entender que Cristo desea una novia gloriosa, santa y pura, no por razones arbitrarias sino porque esas cualidades son esenciales a Su propia naturaleza. *"Sino, como aquel que os llamó es santo, sed también vosotros santos en toda vuestra manera de vivir; porque escrito está: Sed santos, porque yo soy santo"* (1 Pedro 1:15–16). Padre, Hijo y Espíritu son gloriosos, santos y puros en esencia. Cristo debe limpiarnos de toda impureza, contaminación y suciedad para que podamos convertirnos en una iglesia gloriosa, apropiada para ser Su novia. El remanente de Dios debe ser inocente, sin mancha, sin arruga y sin mancilla. El carácter de la novia se formará según el carácter del Novio. *"Hasta que todos lleguemos a la unidad de la fe y del conocimiento del Hijo de Dios, a un varón perfecto, a la medida de la estatura de la plenitud de Cristo"* (Efesios 4:13).

Una iglesia purificada no amará el pecado, no practicará las obras de la carne y habrá muerto a los deseos pecaminosos. Si algún miembro del remanente peca, será tan sensible a la suave pero firme corrección del Espíritu Santo, que se arrepentirá inmediatamente y será restaurado. *"Seguid la paz con todos, y la santidad, sin la cual nadie verá al Señor"* (Hebreos 12:14).

> **SER SANTO ANTE DIOS NO ES UNA OPCIÓN SINO UN MANDATO. LA SANTIDAD PURIFICA NUESTRO CARÁCTER Y NOS HACE COMPLETAMENTE LEALES A CRISTO.**

Otro aspecto de la iglesia santificada es que está exclusivamente apartada para ser la novia de Cristo. El verdadero remanente sigue sólo a Jesús. No tiene una mezcla de lealtades: un poco de devoción a Cristo, un poco de adhesión al mundo y un poco de obediencia al diablo. No, ¡está totalmente dedicada a Cristo!

La novia está consagrada a Dios y se ha santificado para escuchar Su voz, obedecerle y servirle. Ella no se apoya en la fuerza humana o en las doctrinas religiosas hechas por el hombre. Por el contrario, camina de acuerdo con el consejo del Espíritu y avanza con Su poder para extender el reino de Dios. ¡La novia es una portadora de la gloria de Dios a la tierra!

La santidad, entonces, es la marca principal del remanente. Aquellos que son miembros de la novia de Cristo no son como cualquier otra persona en el mundo. Se distinguen por su consagración al Señor, que los lleva a vivir sus vidas apartados del pecado y todo lo mundano mientras se dedican a servir a Dios. Sin embargo, esto no significa que evitan ir al mundo. No, ellos viven, trabajan y dan testimonio en el mundo. Sin embargo, al hacerlo, hacen brillar la luz de Jesús en medio de la oscuridad. Ellos luchan por la justicia, defienden a los inocentes, sanan a los enfermos, liberan a los oprimidos y predican el mensaje del reino que Jesús les ha confiado. El Espíritu Santo está llamando a todos los miembros de la novia remanente a consagrarse plenamente a Cristo para poder preparar el camino para Su venida.

> **EL PRIMER LLAMADO DE DIOS A SU PUEBLO ES A SER SANTO Y SEPARADO PARA ÉL. POR LO TANTO, LA MARCA PRINCIPAL DE LA NOVIA REMANENTE ES LA SANTIDAD.**

Los miembros del remanente de los últimos tiempos son también gente llena de fe, que le toman la Palabra a Dios, que creen en todo lo que Él ha declarado y prometido. No debería ser difícil reconocer o identificar al remanente santo que surge como una novia gloriosa, siempre viva, activa, en crecimiento, que manifiesta al Padre, que expulsa al enemigo del territorio que ha usurpado y avanza el reino de Dios dondequiera que va.

MANTÉNGASE VIGILANTE

Como he señalado a lo largo de este libro, la verdadera novia vela y ora. Los sacudimientos y otras señales de los últimos tiempos son evidentes en el mundo que nos rodea, y sería peligroso pasarlas por alto o ignorarlas. No podemos permitirnos ser espiritualmente indiferentes, distraídos o somnolientos. Una vez más, necesitamos estar centrados en nuestro propósito, siempre sirviendo a Dios, atentos a las señales y viviendo a la expectativa de la llegada del Señor.

"Velad, pues, en todo tiempo orando que seáis tenidos por dignos de escapar de todas estas cosas que vendrán, y de estar en pie delante del Hijo del Hombre" (Lucas 21:36). Si queremos ser arrebatados con la novia remanente, debemos vivir alertas. Necesitamos velar para no caer en tentación y perdernos la venida de Jesús. Permanecer velando a través de la oración continua, produce también rompimientos espirituales. Como escribí en mi libro *Oración de rompimiento,*

> En la dimensión natural, el impulso es la fuerza, el poder o la potencia que gana un objeto mientras está en movimiento. Durante ese impulso, hay un punto en el cual dicho objeto alcanza su máxima potencia. Por ejemplo, cuando un atleta de salto largo alcanza su máximo impulso, da su mejor salto. Asimismo, en el plano espiritual, cuando oramos de continuo, alcanzamos la medida precisa de oraciones acumuladas que lleva la atmósfera espiritual a su plenitud, produciendo un impulso sobrenatural que trae el rompimiento.[75]

Mantengamos nuestro impulso en la oración hasta que Jesús regrese. Asegurémonos que un impulso sobrenatural, producto de la intercesión

75. Guillermo Maldonado, *Oración de rompimiento* (New Kensington, PA: Whitaker House, 2018), 167–68.

continua, esté trabajando dentro de nosotros en Su aparición. ¡Esto no ocurrirá si estamos espiritualmente dormidos o faltos de aceite del Espíritu!

MANTENGA UN SENTIDO DE URGENCIA

"También debes saber esto: que en los postreros días vendrán tiempos peligrosos" (2 Timoteo 3:1). ¡Tenemos que despertar y prestar atención a lo que está sucediendo en el mundo! Debemos ver las señales que apuntan a la realidad de que Jesús está regresando. Necesitamos ser conscientes del "ahora" de Dios, entender cómo trabaja el Señor, qué eventos del fin del mundo están ocurriendo y por qué. Esto nos llevará a comportarnos con un sentido de urgencia en todo lo que hagamos.

Gran parte de la iglesia de hoy en día carece de sentido de urgencia con respecto al regreso de Jesús. Si estamos despiertos, velando y orando, si estamos plenamente conscientes de que el tiempo de la venida de Cristo se acerca, entonces la gente percibirá el sentido de urgencia en nuestras voces y nuestras acciones mientras predicamos, enseñamos, ministramos, servimos y trabajamos. Recuerden, no tenemos todo el tiempo del mundo para hacer la voluntad de Dios en la tierra. ¡El tiempo es corto!

CULTIVE UNA RELACIÓN ÍNTIMA CON DIOS

Otra marca esencial de la novia remanente es que tiene una progresiva, continua e íntima relación con Dios. Este es un punto clave de la preparación para el regreso de Cristo. Tenga en cuenta que en la parábola de las diez vírgenes, la mayor deficiencia de las cinco vírgenes insensatas era su escasez de aceite, lo que representa falta de intimidad con Dios, incapacidad de oír Su voz, carencia de unción y de poder. Como resultado, las vírgenes insensatas se perdieron la llegada del novio y fueron excluidas de la boda. Cuando más tarde buscaron entrar, el novio respondió con estas devastadoras palabras: *"De cierto os digo, que no os conozco"* (Mateo 25:12).

Hay cristianos que nunca han tenido intimidad con el Señor, aunque hayan sanado enfermos, expulsado demonios, profetizado y mucho más. Permítanme repetir la advertencia de Jesús a aquellos que piensan que pueden entrar en el reino sin tener una relación estrecha con Dios:

No todo el que me dice: Señor, Señor, entrará en el reino de los cielos, sino el que hace la voluntad de mi Padre que está en los cielos. Muchos me dirán en aquel día: Señor, Señor, ¿no profetizamos en tu nombre, y en tu nombre echamos fuera demonios, y en tu nombre hicimos muchos milagros? Y entonces les declararé: Nunca os conocí; apartaos de mí, hacedores de maldad. (Mateo 7:21–23)

PARA TENER UNA RELACIÓN CERCANA CON DIOS, DEBEMOS INVERTIR TIEMPO DE CALIDAD CON ÉL.

¿Cómo podemos llegar a conocer al Padre íntimamente? A través de una oración sincera y un corazón abierto dispuesto a escuchar. La oración es el lugar donde Dios se revela y nos confía Sus secretos. En oración, aprendemos lo que Dios está haciendo y lo que está a punto de hacer. *"Porque no hará nada Jehová el Señor, sin que revele su secreto a sus siervos los profetas"* (Amós 3:7).

En esencia, cuando la gente no quiere orar, muestra que no está interesada en tener relación con Dios. Ellos no han recibido revelación de lo que sucederá cuando se relacionen con el Padre de manera íntima. Jesús pasaba horas en la presencia de Su Padre celestial porque era allí donde se conectaba con Él y recibía Su identidad, poder, gracia y sabiduría. A través de la oración, Jesús recibió revelación de los acontecimientos futuros de Su vida, como Su muerte y resurrección y lo que pasaría como resultado de ellas. De Su relación con el Padre, Jesús sacó la fuerza y convicción que necesitaba para soportar la agonía de la crucifixión y salir victorioso sobre el pecado, Satanás y la muerte.

A menos que oremos, no podemos tener una relación tan íntima con Dios o recibir revelación de Él. Si no oramos, seguramente nos perderemos la aparición de Jesús porque estaremos dormidos, incapaces de oír o ver en el reino espiritual. La comunicación es la vida de cualquier relación; cuando la comunicación se detiene, la relación cesa. Esta verdad aplica no sólo a nuestras relaciones con otras personas, sino también a nuestra relación con Dios. Si dejamos de orar, dejaremos de conocer al Señor, y esto tendrá consecuencias nefastas:

El que en mí no permanece, será echado fuera como pámpano, y se secará; y los recogen, y los echan en el fuego, y arden. Si permanecéis en mí, y mis palabras permanecen en vosotros, pedid todo lo que queréis, y os será hecho. (Juan 15:6–7)

Cuando tenemos comunión íntima con Dios, lo conocemos más allá del mero conocimiento superficial. Hay diferentes tipos de relaciones, y no todas son íntimas. Algunas son meramente casuales o basadas en la conveniencia mutua. El Padre anhela una relación cercana con nosotros. No quiere un conocimiento superficial; quiere intimidad. La intimidad con Dios nos lleva al Lugar Santísimo, el lugar más profundo y sagrado de Dios, donde somos transformados, santificados y recibimos todo lo que Él desea darnos. Debemos pagar un precio para obtener este tipo de intimidad, pero no todo el mundo está dispuesto a pagarlo.

LA ORACIÓN ES EL MEDIO PARA DESARROLLAR UNA RELACIÓN ÍNTIMA CON DIOS.

Muchas personas quieren algo de Dios, pero no quieren hacer el esfuerzo de desarrollar una relación significativa con Él. Es imposible estar en verdadera comunicación con el Señor si no hemos establecido tal comunión. Si nuestra vida de oración no se basa en la intimidad, entonces nuestra relación con Dios, por nuestra parte, está basada solo en la conveniencia. Esto no complace a Dios. El nivel de intimidad entre nosotros y el Padre es un buen indicador del estado de nuestro corazón y de lo preparados que estamos para la venida de Jesús. Aquellos que mantienen gran hambre por más de Dios son personas raras y sobrenaturales. El Señor sólo regresará por un remanente que tenga una profunda relación con Él y un estilo de vida de adoración.

LA ORACIÓN ES UNA COMUNICACIÓN DE DOBLE VÍA CON DIOS.

BUSQUE LA LLENURA DEL ESPÍRITU A DIARIO

Otra parte indispensable de la preparación del remanente es buscar a diario la llenura del Espíritu Santo para que podamos estar continuamente llenos. Algunas personas preguntan, "Si ya fui bautizado y lleno del Espíritu, ¿qué necesidad hay de más?" No hay tal cosa como una llenura que dure para siempre. La llenura de una sola vez no basta para mantener nuestras lámparas encendidas. Nuestro tanque debe ser rellenado regularmente. Este es el patrón que vemos en el libro de los Hechos. Los apóstoles y otros creyentes de la iglesia primitiva eran continuamente llenos del Espíritu Santo. (Vea, por ejemplo, Hechos 2:4; 4:8, 31; 9:17; 13:9, 52).

Además, Pablo exhortó: "*Y no contristéis al Espíritu Santo de Dios, con el cual fuisteis sellados para el día de la redención*" (Efesios 4:30), "*No os embriaguéis con vino, en lo cual hay disolución; antes bien sed llenos del Espíritu*" (Efesios 5:18), y "*No apaguéis al Espíritu*" (1 Tesalonicenses 5:19). Si nos alejamos de Dios, ignorando Su Palabra, podemos entristecer Su Espíritu. Cada vez que esto ocurra, debemos arrepentirnos de inmediato y recibir llenura fresca.

Cuando dejamos de estar llenos del Espíritu, nuestra vieja naturaleza caída, en lugar de nuestro espíritu redimido, comienza a tomar el control de nuestra vida. Perdemos el poder para morir continuamente a nuestra vieja naturaleza. (Vea, por ejemplo, Efesios 4:22). Aquellos que somos líderes en el ministerio, frecuentemente necesitamos ser reabastecidos porque siempre estamos dando y sirviendo a los demás. El aceite del Espíritu que cargamos constantemente es derramado, por lo que requerimos unciones frescas.

Una vez más, las cinco vírgenes insensatas se quedaron fuera del banquete de bodas cuando llegó el novio porque no habían mantenido sus lámparas llenas de aceite, el cual representa la llenura y el poder del Espíritu Santo. ¡El Espíritu es el aceite que enciende nuestras lámparas! Así, la novia remanente sólo podrá mantener su conexión con el Novio estando llena del Espíritu Santo.

Jesús comparó nuestra necesidad del Espíritu Santo con nuestra sed natural de agua:

> En el último y gran día de la fiesta, Jesús se puso en pie y alzó la voz, diciendo: Si alguno tiene sed, venga a mí y beba. El que cree en mí, como dice la Escritura, de su interior correrán ríos de agua viva. Esto dijo del Espíritu que habían de recibir los que creyesen en él; pues aún no había venido el Espíritu Santo, porque Jesús no había sido aún glorificado.   (Juan 7:37–39)

Los seres vivos necesitamos agua para funcionar correctamente y mantenernos con vida. El Espíritu Santo es el agua sobrenatural que a diario debemos beber y ser llenos. *"Un abismo llama a otro a la voz de tus cascadas; todas tus ondas y tus olas han pasado sobre mí"* (Salmos 42:7). Sin esa plenitud, no podemos funcionar espiritualmente. Nuestros espíritus se secan y nuestros sentidos se embotan hasta que, finalmente, se produce la muerte espiritual. Por eso es esencial que continuamente estemos llenos con el Espíritu Santo si queremos estar preparados para la venida del Señor.

> **SÓLO HAY UN BAUTISMO EN EL ESPÍRITU SANTO, PERO MUCHAS LLENURAS DEL ESPÍRITU.**

¿RESPONDERÁ AL LLAMADO?

El Espíritu Santo nos llama —a usted, a mí y a todos los creyentes— a prepararnos para la venida del Señor Jesús. ¿Quién lo escuchará? ¿Quién responderá a Su llamado? ¿Responderá buscando la santidad? ¿Velará y orará vigilantemente? ¿Testificará y servirá con sentido de urgencia? ¿Cultivará una relación íntima con Dios? ¿Buscará diariamente ser lleno del Espíritu Santo?

El llamado se está haciendo hoy; aquí y ahora. Nadie más puede responder por usted. Sólo usted puede responder al clamor del Espíritu Santo por los miembros de la novia remanente que darán sus vidas para preparar el camino para la venida de Cristo. Si va a responder a ese llamado, haga la siguiente oración:

Padre celestial, vengo ante Tu presencia con un corazón contrito y humillado. Reconozco que no he estado velando, orando ni proclamando el evangelio con sentido de urgencia. Mi relación contigo se ha enfriado. Ya no es tan íntima como antes. Ha pasado mucho tiempo desde que tuve una llenura fresca de Tu Espíritu Santo. Quiero responder al llamado del Espíritu y ser parte de la gloriosa novia que Cristo busca. ¡Quiero que Jesús me lleve con Él en el rapto! No quiero permanecer en la tierra y pasar por la tribulación.

Espíritu Santo, Te pido que me llenes con Tu presencia. ¡Enciéndeme con Tu fuego santo! ¡Purifícame! ¡Santifícame! Prometo dejar de pensar y comportarme mundanamente y consagrarme a Ti Señor, buscando Tu presencia día y noche, y sirviéndote con mi tiempo, mi familia, mis dones, mi dinero y todo lo que he recibido de Tu mano. Espíritu Santo, empodérame con Tu unción, Tu gracia, Tu santidad, Tu visión, Tu revelación y Tu sabiduría. Declaro que soy parte del remanente santo de Dios. En el nombre de Jesús, ¡amén!

Jesús regresa pronto. ¡Preparemos el camino del Señor!

RESUMEN

+ El Espíritu Santo está llamando a todos los miembros del remanente de Dios a consagrarse a Cristo para que puedan preparar el camino para Su venida.

+ Jesús pagó el precio de nuestro rescate del pecado, redimiéndonos completamente. Ahora, nos refina para presentarnos ante Sí mismo como una novia pura.

+ El remanente es glorioso, sin mancha ni arruga; es santo, sin mancilla, separado del mundo, y dedicado exclusivamente a ser la novia de Cristo.

+ Cristo desea una novia gloriosa, santa y pura, no por razones arbitrarias, sino porque estas cualidades son esenciales a Su propia naturaleza.

+ La novia está consagrada a Dios y se ha santificado para escuchar Su voz, obedecerle y servirle. Ella camina de acuerdo con el consejo del Espíritu y avanza con Su poder para extender el reino de Dios en la tierra.

+ Los pasos indispensables para prepararse para el regreso de Cristo incluyen: permitir que Jesús lo purifique y consagre, mantenerse vigilante, mantener un sentido de urgencia, cultivar una relación íntima con Dios, y buscar diariamente la llenura del Espíritu.

TESTIMONIOS DE SEÑALES DE LOS ÚLTIMOS TIEMPOS

VISIÓN Y PROVISIÓN SOBRENATURALES

Jesús y Nathalie Guerrero viven en Miami, Florida, Estados Unidos, y son miembros del Ministerio El Rey Jesús. Ambos pasaron por un difícil proceso en el que Dios formó su carácter y los llevó a la madurez espiritual. Hoy en día, no sólo son líderes de negocios, sino también líderes en la iglesia. Forman parte de los "Inversionistas de los Últimos Tiempos", un programa del Ministerio El Rey Jesús que recauda fondos para llevar el mensaje del reino a más y más áreas del mundo. Reconocen la urgencia de alcanzar a los perdidos en estos últimos días e invierten de su propio tiempo para hacer su parte. Nathalie nos da su testimonio:

Soy producto de la visión de El Rey Jesús. Llegué a esta iglesia cuando tenía doce años, pero viví un estilo de vida mundano hasta los diecinueve. Un día, una mujer de la iglesia profetizó sobre mí, y decidí entregarle mi corazón a Cristo. Jesús me liberó y me cambió, dándole un propósito a mi vida. Con el tiempo, mi esposo y yo, después de casarnos en la iglesia, nos convertimos en líderes de Casa de Paz y mentores. También fuimos bendecidos al iniciar nuestro propio negocio, y hoy somos dueños de varios negocios. Cuando empezamos, teníamos un empleado; ahora tenemos casi treinta. Nos expandimos porque creímos que Dios honraría cada promesa que le hiciéramos y cada palabra profética de multiplicación que habíamos recibido.

Recientemente, el Señor le habló a mi esposo sobre hacer una promesa de dar dinero para ayudar a construir la Casa de Oración para Todas las Naciones, que el Ministerio El Rey Jesús está construyendo. Dios dijo, "Si das para Mi casa, yo pagaré la tuya". Plantamos una semilla de $100,000, dándola con total convicción. En cuatro meses, la casa de $2.4 millones que estábamos construyendo fue pagada sin recibir ningún préstamo bancario. No sólo eso, sino que en ese momento estábamos viviendo en una casa que valía $610,000 y el Señor nos permitió pagarla por completo después que hicimos otro compromiso financiero para Su obra. ¡No tenemos ninguna deuda!

Cuando llegué por primera vez al Ministerio El Rey Jesús, tenía una mentalidad y varias actitudes erróneas que necesitaban ser renovadas. Mi forma de pensar acerca de mi potencial era limitada. Apenas soñaba con vivir en un pequeño apartamento y ser una maestra. Pero Dios me ha dado visión y dirección para llevar a cabo proyectos que nunca imaginé posibles, porque Él tiene un plan para mí durante estos tiempos finales.

Hace un par de años, experimenté otra intervención sobrenatural. Estaba luchando con la idea de ir a la escuela de leyes, y durante un evento en la iglesia, el Señor confirmó ese plan diciendo, "Ve a estudiar leyes". Finalmente decidí obedecerle. Aunque no estudié lo suficiente par para el examen preliminar, lo aprobé, y terminé siendo la mejor de mi clase.

Mi pacífica vida hogareña es otro producto del amor de Dios. Mis hijos temen a Dios y son excelentes en lo que hacen. Además, ¡mi matrimonio ha cambiado tanto! Mi esposo y yo solíamos ser verbalmente abusivos e irrespetuosos el uno con el otro, y nuestra relación era mundana. Aunque estábamos involucrados en el ministerio, llegamos a un punto en el que queríamos divorciarnos. Sin embargo, pasamos por un proceso muy difícil hasta que el Señor restauró nuestro matrimonio.

Nuestra vida familiar sana, los negocios prósperos y la participación como inversionistas de los últimos tiempos, solo se debe a la misericordia de Dios y a nuestra obediencia en la aplicación de varios principios de reino, que nos han llevado a obtener muchas bendiciones. Estamos velando y orando por la venida del Señor, pero también estamos ocupados haciendo Su obra, para que cuando Él venga, nos encuentre dando mucho fruto.

SANADA DE UNA ENFERMEDAD QUE NO TIENE CURA

A la pastora Paola Ramos, de Richmond, Virginia, Estados Unidos, le diagnosticaron neuralgia del trigémino. Esa enfermedad no tiene cura conocida. Sin embargo, durante estos tiempos finales, el Señor ha aumentado Su poder en la tierra para sanar lo incurable.

Vine a este país cuando estaba esperando mi primer hijo. Al principio del embarazo empecé a sentir molestias en la cara, pero mis médicos no pudieron diagnosticar el problema. Mientras tanto, el dolor se intensificó. Probé varios analgésicos, ninguno de los cuales funcionó. Hacia el final del embarazo, estaba perdiendo peso, lo que afectó al bebé. No podía comer ni dormir, ¡y me preocupaba estar perjudicando la vida de mi hija!

Después de dar a luz, pasé por una serie de pruebas. Pasó un año completo antes de que me diagnosticaran neuralgia del trigémino, una enfermedad crónica en la que el dolor se irradia de la cara al cerebro. Sentí dolor desde los oídos hasta los ojos y a lo largo de toda mi mandíbula. Incluso sentí dolor en los dientes. Mis nervios faciales siempre estaban hinchados. Empecé a tomar un antiepiléptico y me hice tan dependiente de esa droga que se convirtió en mi dios. ¡Necesitaba la medicina incluso para poder comer!

¡La neuralgia del trigémino causa un dolor indescriptible! Algunas personas se han suicidado para detener la agonía. En mi caso, llegó un momento en el que la medicina ya no era suficiente para calmar el dolor. Solía tomar cuatro pastillas al día sólo para funcionar. Sin embargo, no podía mantener la dosis necesaria, y el dolor no cesaba; aumentaba cada día. Aunque no quería perder la esperanza, estaba en el punto de ruptura. Los médicos querían operarme.

Incluso antes de mi diagnóstico, le había pedido a Dios que me sanara, pero no pasó nada. Había sido cristiana durante muchos años y mi fe había crecido. Había visto a Dios hacer muchos milagros, pero seguía estando enferma. Empecé a dudar y a cuestionar al Señor, preguntándole: "¿Por qué no quieres sanarme?" No sabía qué pensar. Estaba decepcionada y no podía entender por qué tenía que pasar por esta prueba. La vida se había vuelto tan difícil que ya no quería hacer nada, incluyendo mis deberes como madre y esposa. Aunque era pastora, no podía servir a Dios ni a Su pueblo. Ni siquiera podía abrir la boca para cantar o adorar sin sentir dolor. ¡Mi vida estaba estancada!

Aun así, en ese momento, el deseo de mi corazón era tener otro hijo. Los doctores me dijeron que mientras estuviera medicada, no debería quedar embarazada porque el bebé podría desarrollar problemas genéticos. Decidí dar un paso de fe y creer en Dios. Fui al Ministerio El Rey Jesús y le pedí a la profeta Ana Maldonado que orara. Cuando ella oró por mí, le dije a Dios en mi corazón, "Señor, hágase Tu voluntad". Justo ahí, supe que Dios había hecho algo. No vi ningún cambio en mi condición hasta dos meses después cuando sentí que algo me pateaba en el útero. ¡Estaba embarazada! Al principio estaba asustada, pero los médicos me examinaron y dijeron que mi bebé estaba en perfectas condiciones. ¡A Dios sea la gloria! Hoy en día, ya no necesito tomar medicamentos, ni siento dolor alguno. Dios me ha sanado. Me sorprende cómo, incluso durante mis pruebas y dudas, Dios fue fiel para restaurar mi fe y Sus promesas en mi vida.

ACERCA DEL AUTOR

El Apóstol Guillermo Maldonado es el pastor principal y fundador del Ministerio Internacional El Rey Jesús, en Miami, Florida, una iglesia multicultural, considerada como una de las de más rápido crecimiento en los Estados Unidos. El Ministerio El Rey Jesús está fundado en la Palabra de Dios, la oración y la adoración, y actualmente tiene una membresía de más de veinticinco mil personas en los Estados Unidos, incluyendo la iglesia principal en Miami, sus sedes, iglesias hijas y la iglesia en línea. El Apóstol Maldonado también es un padre espiritual para 500 iglesias en 70 países, incluyendo Estados Unidos, América Latina, Europa, África, Asia y Nueva Zelanda, las cuales forman la Red Global Sobrenatural, que representa a más de 750 mil personas. Asimismo, es fundador de la Universidad del Ministerio Sobrenatural (USM). La edificación de líderes de reino y las manifestaciones visibles del poder sobrenatural de Dios distinguen a este ministerio, así como el número de sus miembros que constantemente se multiplica.

El Apóstol Maldonado es un escritor con récord de ventas a nivel nacional, que ha escrito más de 50 libros y manuales, muchos de los cuales han sido traducidos a otros idiomas. Sus libros con Whitaker House incluyen *Jesús regresa pronto, Creados para un propósito, Oración de rompimiento, Ayuno de rompimiento, Una vida libre de estrés, Cómo caminar en el poder sobrenatural de Dios, La gloria de Dios, El reino de poder, Transformación sobrenatural, Liberación sobrenatural* y *Encuentro divino con el Espíritu Santo,* todos los cuales están disponibles en español y inglés. Además, él predica el mensaje de Jesucristo y Su poder redentor en su programa internacional de televisión, *Lo sobrenatural ahora,* que se transmite en TBN, Daystar, Church Channel y otras 50 cadenas de TV, que alcanzan e impactan potencialmente a más de 2 mil millones de personas en el mundo.

El Apóstol Maldonado tiene un doctorado en consejería cristiana de Vision International University y una maestría en teología práctica de Oral Roberts University. Reside en Miami, Florida, junto a su esposa y compañera de ministerio, Ana, y sus dos hijos, Bryan y Ronald.